Tobias Brocher (geb. 1917) studierte in Berlin Medizin und machte die Fachausbildung für Psychiatrie an der Stuttgarter Nervenklinik. Während er in Ulm eine psychotherapeutische Praxis hatte, gründete er dort 1954 die Familien- und Elternberatung, deren Leiter er wurde. 1962 wurde er Professor für Sozialpsychologie am Sigmund-Freud-Institut in Frankfurt/ Main. Seit 1963 ist er publizistisch tätig in Hörfunk und Fernsehen sowie als Buchautor; u. a. machte er Filme der Fernsehelternschule des ZDF. Er ist verheiratet und hat zwei Töchter. 1968–70 war er Gastprofessor in Pittsburgh, Pennsylvania; seit Anfang der 70er Jahre lehrte und forschte er als Experte für Sozialpsychologie und Psychoanalyse bei der Menninger Foundation in Topeka/USA. 1982 kehrte er nach Deutschland zurück; er arbeitet an Universitäten und in eigener Praxis.

Tobias Brocher

Von der Schwierigkeit zu lieben

Kreuz Verlag

Meinen Töchtern
Stefanie-Christine und Corinna-Andrea
gewidmet.   *Tobias Brocher*

10. Auflage (40.–42. Tausend) 1989
© Kreuz Verlag Stuttgart 1975
Gestaltung: Hans Hug
Gesamtherstellung: Ebner Ulm
ISBN 3 7831 0465 3

Inhalt

Einleitung

»Liebe und Leben sind unlösbar miteinander verbunden.
Wir vergehen und wandeln uns in jedem Augenblick. Die Liebe
aber ist zeitlos. Sie reicht über diese Strecke hinaus, weit über
Zeit und Raum in eine andere Dimension. Eine Illusion? Nein,
das ist eine Frage unserer Existenz, der Entscheidungen unseres
Lebens, welche Zielvorstellungen wir haben, wohin unser Weg
am Ende führt. Bestimmt nicht die Liebe, was wir aus Hoffnung
oder enttäuschter Verzweiflung tun?«

Noch ein Buch über die Liebe?

Als ob es darüber nicht genug Gedrucktes gäbe: kluge Weisheit und Verständliches, scharfsinnige wissenschaftliche Abhandlungen und pseudowissenschaftliche, unverständliche Abstraktionen, technische Handanweisungen zum Sexualexperiment und bedrohlich moralistische Stacheldrahtumgrenzungen – all das steht nebeneinander im Bücherregal. Kann man die Liebe überhaupt beschreiben? Muß sie nicht erfahren werden? Liegt aber nicht hier gerade die Schwierigkeit unserer Epoche: Liebe zwischen Sexualtechnik und Überidealisierung? Beides hilft dazu, das Entscheidende zu vermeiden: Erlebnis und Begegnung.

Liebe macht nicht blind. Sie macht sehend für eigene und fremde Fehler und Schwächen. Ver-liebtheit blendet. Sexualtechnik verhüllt und entstellt Liebe. Liebe ermöglicht erst Sexualität, in der sich wiederum Echtheit oder Unechtheit einer Beziehung enthüllt und offenbart. Das Elend vieler Menschen besteht heute darin, daß sie glauben, es sei Liebe, wenn sie sich in jäher Bewußtlosigkeit sexuellen Dranges verlieren, um ernüchtert und enttäuscht aus dieser Betäubung aufzuwachen: keineswegs geheilt von allen Nöten, wie aufklärungswütige Sexualaktivisten meinen, sondern ärger dran als je zuvor.

Wie gesagt: Über die Liebe ist unendlich viel geschrieben und ausgesagt worden; weit weniger aber über die Schwierigkeit zu lieben, die meist aus dem übermächtigen Wunsch herrührt, geliebt zu werden, aus der Angst, zu kurz zu kommen und leer auszugehen, von der die zerstörerischen Irrwege der Liebe bestimmt werden.

Einer seltsamen Begegnung verdanke ich die nachfolgenden Zeilen eines unbekannten Autors. Während eines kurzen Gastvortrages an der Lousiana State University erschien plötzlich am Ende einer Diskussion ein blasser junger Mann, offenbar ein Student, legte scheu ein Blatt auf den Tisch, um den wir herumstanden, deutete mit einem Blick darauf, sagte: »Sie werden das vielleicht brauchen«, und verschwand. Keiner der Umstehenden kannte ihn. Die Übersetzung des englischen Originaltextes ist frei und unserer Sprachweise angeglichen. Dieser Text zeigt, daß die Unmöglichkeit und die verborgene Angst des modernen Menschen, sich anderen tatsächlich zu nähern, der Hauptgrund zu sein scheint für die Schwierigkeit, wirklich zu lieben.

»Bitte höre, was ich nicht sage! Laß Dich nicht von mir narren. Laß Dich nicht durch das Gesicht täuschen, das ich mache. Denn ich trage tausend Masken – Masken, die ich fürchte abzulegen. Und keine davon bin ich. So tun als ob ist eine Kunst, die mir zur zweiten Natur wurde. Aber laß Dich dadurch nicht täuschen, um Gottes willen, laß Dich nicht von mir narren.

Ich mache den Eindruck, als sei ich umgänglich, als sei alles sonnig und heiter in mir, innen wie außen, als sei mein Name Vertrauen und mein Spiel Kühle, als sei ich ein stilles Wasser und als könne ich über alles bestimmen, so als brauchte ich niemanden.

Aber glaub mir nicht, bitte, glaub mir nicht! Mein Äußeres mag sicher erscheinen, aber es ist meine Maske. Darunter ist nichts Entsprechendes. Darunter bin ich wie ich wirklich bin: verwirrt, in Furcht und alleine. Aber ich verberge das. Ich möchte nicht, daß es irgend jemand merkt. Beim bloßen Gedanken an meine Schwächen bekomme ich Panik und fürchte mich davor, mich anderen überhaupt auszusetzen. Gerade deshalb erfinde ich verzweifelt Masken, hinter denen ich mich verbergen kann: eine lässige, kluge Fassade, die mir hilft, etwas vorzutäuschen, die mich vor dem wissenden Blick sichert, der mich erkennen würde. Dabei wäre dieser Blick gerade meine Rettung. Und ich weiß es. Wenn er verbunden wäre mit Angenommenwerden, mit *Liebe*. Das ist das einzige, das mir die Sicherheit geben würde, die ich mir selbst nicht geben kann: daß ich wirklich etwas *wert* bin.

Aber das sage ich Dir nicht. Ich wage es nicht. Ich habe Angst davor. Ich habe Angst, daß Dein Blick nicht von *Annahme und Liebe* begleitet wird. Ich fürchte, Du wirst gering von mir denken und über mich lachen – und Dein Lachen würde mich umbringen. Ich habe Angst, daß ich tief drinnen in mir selbst nichts bin, nichts wert, und daß Du das siehst und mich abweisen wirst.

So spiele ich mein Spiel, mein verzweifeltes Spiel: eine sichere Fassade außen und ein zitterndes Kind innen.

Ich rede daher im gängigen Ton oberflächlichen Geschwätzes. Ich erzähle Dir alles, was wirklich nichts ist, und nichts von alledem, was wirklich ist, was in mir schreit; deshalb laß Dich nicht täuschen von dem, was ich aus Gewohnheit rede.

Bitte höre sorgfältig hin und versuche zu hören, was ich *nicht* sage, was ich gerne sagen möchte, was ich um des Überlebens willen rede und was ich nicht sagen kann.

Ich verabscheue Versteckspiel. Ehrlich! Ich verabscheue dieses oberflächliche Spiel, das ich da aufführe. Es ist ein unechtes Spiel. Ich möchte wirklich echt und spontan sein können, einfach ich selbst, aber Du mußt mir helfen. Du mußt Deine Hand ausstrecken, selbst wenn es gerade das letzte zu sein scheint, was ich mir wünsche. Nur Du kannst diesen leeren, toten Glanz von meinen Augen nehmen. Nur Du kannst mich zum Leben rufen. Jedesmal, wenn Du freundlich und sanft bist und mir Mut machst, jedesmal, wenn Du zu verstehen versuchst, weil Du Dich wirklich um mich sorgst, bekommt mein Herz Flügel – sehr kleine Flügel, sehr brüchige Schwingen, aber Flügel!

Dein Gespür, Dein Mitgefühl und die Kraft Deines Verstehens hauchen mir Leben ein. Ich möchte, daß Du das weißt.

Ich möchte, daß Du weißt, wie wichtig Du für mich bist, wie sehr Du aus mir den Menschen machen kannst, der ich wirklich bin – wenn Du willst.

Bitte, ich wünschte, Du wolltest es. Du allein kannst die Wand niederreißen, hinter der ich zittere. Du allein kannst mir die Maske abnehmen. Du allein kannst mich aus meiner Schattenwelt, aus Angst und Unsicherheit befreien – aus meiner Einsamkeit. Übersieh mich nicht. Bitte – bitte, übergeh mich nicht! Es wird nicht leicht für Dich sein. Die lang andauernde Überzeugung, wertlos zu sein, schafft dicke Mauern. Je näher Du mir kommst, desto blinder schlage ich zurück. Ich wehre mich gegen das, wonach ich schreie. Aber man hat mir gesagt, daß Liebe stärker sei als jeder Schutzwall, und darin liegt meine Hoffnung.

Bitte versuche diese Mauern einzureißen, mit sicheren Händen, aber mit zarten Händen: ein Kind ist sehr empfindsam.

Wer ich bin, magst Du fragen? Ich bin jemand, den Du sehr gut kennst. Denn ich bin jedermann, den Du triffst, jeder Mann und jede Frau, die Dir begegnen.«

Dies ist ein Anruf, der ganz persönlich an jeden Leser gerichtet ist: Wo findest du dich selbst in all diesem? Wo bist du in deinem Leben? Wo ist deine Liebe? Und . . . was ist deine Liebe?

Gewiß, wer hat das Recht, solche Fragen zu stellen? Die immer wiederkehrende, zweifelnde Frage: »Liebst du mich wirklich?« können wir meist deshalb so schwer beantworten, weil sie uns unvorbereitet trifft, inmitten der eigenen, viel größeren Erwartung, geliebt zu werden. Aber bereitet uns der einfache Satz »Ich liebe dich« nicht noch viel mehr Schwierigkeiten, wenn wir ihn selbst aussprechen sollen? »Ich mag dich« oder »Ich hab dich gerne« klingt moderner, aber auch unverbindlicher, sicher weniger geschwollen und dramatisch, obwohl für die Großelterngeneration gerade in dieser Dramatik die wirkliche Bedeutung der Liebe lag. Die modernistische Vorsicht der Formulierung enthält aber den Zweifel an der Dauer der Liebe. Wie könnte sie je Dauer haben, ohne sich zu wandeln?

Auch wenn wir es gerne leugnen möchten: Liebe und Leben sind unlösbar miteinander verbunden. Die Strecke zwischen Geburt und Tod ist nicht umkehrbar. Wir vergehen und wandeln uns in jedem Augenblick. Die Liebe aber ist zeitlos. Sie reicht über diese Strecke hinaus, weit über Zeit und Raum in eine andere Dimension. Eine Illusion? Nein, das ist eine Frage unserer Existenz, der Entscheidungen unseres Lebens, welche Zielvorstellungen wir haben, wohin unser Weg am Ende führt. Unser Leben mag uns oft wie ein wirres Gewebe aus Gut und Böse erscheinen. Was immer aber wir gelebt haben, es fiele uns schwer, dieses Leben mit dem Gefühl zu beenden, die Liebe niemals erfahren zu haben im Geben und Nehmen. Bestimmt nicht die Liebe, was wir aus Hoffnung oder enttäuschter Verzweiflung tun?

Liebe hat Gezeiten wie das Leben, und das ist ihre Schwierigkeit. Sie läßt sich nicht abtrennen von dem, was wir sind und was wir leben. Können wir aber lieben, bevor wir begriffen haben, wer wir sind und was wir tun? An dieser Frage entscheidet sich unser Ich. So erwachsen unsere Taten auch erscheinen mögen, ihre verborgenen Motive können sehr kindlich sein. Wir sind enttäuscht, wenn alles Rennen, Jagen und Hasten inmitten ehrgeiziger Arbeit uns am Ende doch nicht zu dem ersehnten Ziel der kindlichen Motive führt: geborgen und sicher zu sein in echter spürbarer Liebe.

Dann plötzlich taucht die Frage auf: Was hat nun alles für einen Sinn gehabt? Wir fühlen uns leer, traurig und zu Tode erschöpft. Diese Frage rufen wir in die Welt, als erwarteten wir eine Antwort, und sind dann wütend oder enttäuscht, wenn diese Antwort nicht sofort erfolgt. Oder wir hören und verstehen sie gar nicht, weil unsere Ohren taub und unsere Augen blind wurden von der Einseitigkeit unserer Erwartungen. So wiederholen wir die Frage und übersehen dabei, daß nicht wir fragen können, sondern daß wir aufgefordert sind zu antworten. An uns selbst ist eine Frage gerichtet: »Adam, wo bist du?« Wir müssen Rechenschaft geben mit allem, was wir tun, denken und fühlen.

1. Kapitel
Vor-Stellungen der Liebe

»Weil es so unendlich schwierig ist, wirklich zu lieben, verstellen wir uns den Blick für die Wirklichkeit mit vielerlei Vor-Stellungen, die die Liebe im Grunde verhindern sollen. Es wäre an der Zeit, unsere Vorstellungen über die Liebe als einen vermeintlich konfliktfreien Ort des Paradieses richtigzustellen und uns von jenen Selbsttäuschungen zu befreien, die unseren Ausflüchten dienen sollen.«

Erwartungen

Was erwarten wir von der Liebe? Woher kommen all die Vorstellungen von Glück und Erfüllung, denen wir nachhän-
gen? Das Glücksgefühl scheint dann am stärksten zu sein, wenn
die Wirklichkeit mit unseren Vorstellungen, Phantasien und geheimen Hoffnungen und Wünschen so übereinstimmt, wie wir es
eigentlich nie erwartet hätten. Aber woher kommen diese Vorstellungen und Erwartungen? Nur aus den Bildern und Regeln,
die wir in der jeweiligen Kultur erlernen? Oder aus den Anpreisungen kommerzieller Angebote? Es ist eher umgekehrt: Viele
Anzeigen und Werbetexte machen sich die unbewußten psychologischen Grundlagen zunutze, die wir, ohne uns voll daran erinnern zu können, in unserer frühen Kindheit erworben haben.
Nun wird oft bezweifelt, daß die frühe Kindheit einen so erheb-
lichen Einfluß auf unsere späteren Lebensgewohnheiten und Erwartungen haben soll. Was hat die Liebe eines erwachsenen
Menschen mit dessen Kindheit zu tun? Scheint ein solcher Rückschluß nicht übertrieben und zu weit hergeholt?

Seit wir Zeugnisse über das Zusammenleben der Menschen
in der Geschichte fanden – und immer neue Funde tauchen auf –,
läßt sich das Thema Liebe als einer der wichtigsten Inhalte im
Leben des einzelnen und der Gemeinschaft zurückverfolgen.
Vermutlich wäre die Welt zugrunde gegangen, wenn nicht eine
bestimmte Entwicklung uns dazu geführt hätte, menschliches
Leben zu schützen. Es gäbe keine Fortpflanzung des menschlichen Geschlechts, wenn nicht der biologische Anteil der Liebe,
die Paarungsneigung, abhängig von der jeweiligen Stärke des
Sexualtriebes und dem damit in Zusammenhang stehenden Be-
friedigungswunsch, so stark wäre, daß er die möglichen Widerstände oder Bedenken, die aus anderen Motiven stammen, meist
überwunden hätte. Es ist nicht nur der einzelne, der vor dieser

Entscheidung steht, Unglück oder Erfüllung zu finden. Vielmehr sind es in der Geschichte der Menschheit ganz andere Faktoren, von denen Liebe mitbestimmt wurde: ökonomische Gründe in der Agrargesellschaft, die Arbeitskräfte brauchte, um überleben zu können; Zahl und Stärke in den Jäger- und Nomadenhorden aus dem gleichen Grunde; schließlich wiederum wirtschaftliche Vernunftsgründe in der Bürgergesellschaft. Gerade weil die persönliche Liebe nicht der Hauptbeweggrund für eine Partnerschaft war, entstand der Mythos der romantischen Liebe zweier Menschen, die alle Widerstände sozialer Hindernisse in ihrer Umgebung überwindet. Die sogenannte Liebesheirat als Partnerschaft war jedoch in der langen Geschichte der Menschheit bis in die Epoche nach dem Ersten Weltkrieg die Ausnahme von der Regel, weil zuvor dem Individuum kaum so viel Bedeutung und Geltung zugestanden wurde, daß es Liebe als einziges Motiv für eine Partnerschaft hätte in Anspruch nehmen können, ohne mit anderen Überlegungen und Plänen seiner Umgebung in Konflikt zu geraten. Im Gegenteil, die Auffassung, daß die Liebe von alleine käme, wenn die Elterngeneration über die Zweckmäßigkeit einer im voraus gewählten und bedachten Partnerschaft entschieden hatte, war eher die Regel.

Um so schwerer scheint es, klar zu sehen, was für verschiedene Regungen unter dem Wort Liebe auf eine oft recht unbestimmte Weise zusammengefaßt werden: romantische Liebe zweier junger Menschen, sexuelle Liebe, Eltern- und Kinderliebe, Selbstlosigkeit sozialer Menschenliebe, religiös gefärbte Liebe, Liebe zu Gott und Hoffnung oder Gewißheit, von ihm geliebt zu werden – all dies und mehr noch verbirgt sich hinter dem oft so unbestimmt gebrauchten Wort »Liebe«. Immer wieder ist damit zugleich Sorge, Fürsorge, Versorgung, Anerkennung, Duldsamkeit für Versuch und Irrtum, Bereitschaft zur Vergebung, Fähigkeit zu ständigem Wandel, zu Entwicklung und Reifung inbegriffen, aber genauso die Möglichkeiten der Torheit aus Liebe, der Hörigkeit, des Mißbrauchs durch ein bedeutsames Ungleichgewicht zwischen den vermeintlichen Liebespartnern und viele andere Mißverständnisse der Liebe, von denen in diesem Buch noch die Rede sein wird.

Es wäre sicher falsch und der Bedeutung der Liebesfähigkeit des Menschen unangemessen, würden wir unter Liebe nur Sexualität verstehen. Umgekehrt wäre unsere Vorstellung von Sexualität zu eng, wenn wir diese nur auf die geschlechtlichen Vorgänge beschränkten, denn es gibt viel mehr »Sexuelles« in unserem Leben, als wir bei naiver Betrachtung annehmen, ohne daß wir mit dieser Wahrnehmung unbedingt die Voraussetzungen des früheren Vorwurfs eines allgemeinen Pansexualismus erfüllten. Nicht »alles« erklärt sich aus sexuellen Motiven in der Liebe, und gewiß erschöpft sie sich nicht in der Sexualität – ein fataler Irrtum modernistischer Sexualpropagandisten, der zunehmend zur Zerstörung mitmenschlicher Beziehungen führt –, sondern vieles hat vielmehr seinen Ursprung in Erlebnissen, die wir deshalb nicht als sexuell ansehen, weil sie gleichsam »unschuldig« sind, solange uns der sexuelle Antrieb nicht bewußt wird.

»Liebe« in diesem und in kommenden Jahrhunderten wird daher stets von den jeweils spezifischen, soziokulturellen und kulturhistorischen Bedingungen des Landes oder der Subkultur bestimmt, in der der einzelne aufwächst. Dieser geschichtlich-traditionelle Hintergrund, der weitgehend die jeweilige Sitte und die Moral bestimmt, zugleich abhängig von sozialen, politischen und ökonomischen Faktoren, beeinflußt eine Reihe von Verhaltensweisen in der Liebe, für die es keinen festgelegten, bleibenden Regelkatalog gibt. Dennoch gibt es bestimmte Überzeugungen, die aufrechterhalten werden, von denen das Schicksal menschlicher Beziehung weitgehend abhängig werden kann, weil die Allgemeinheit einer Gesellschaft diese Überzeugungen als einen Grundwert angenommen hat und seine Durchsetzung vertritt. Neben diesem gesellschaftlich-sozialgeschichtlichen Hintergrund der jeweiligen Kultur sind es die individuellen, persönlichen Erfahrungen auf der Erlebnis- und Gefühlsebene, von denen die Fähigkeit zu lieben bestimmt wird, ebenso wie die Schwierigkeiten der Liebe.

Das Haeckelsche Grundgesetz, in einer dem Laien schwerverständlichen Sprache (*E. Haeckel: »Die Ontogenie ist die Abbreviatur der Phylogenie.«*), besagt nicht mehr und nicht weniger, als daß die Entwicklung des Einzelwesens in allen Gegebenheiten die Entwicklung der Art in abgekürzter Form wiederholt. Gemeint war dies zunächst rein naturwissenschaftlich. Aus den Forschungen der Embryologie (Lehre von der Entwicklung des Fruchtkeims) wurde ersichtlich, daß alle Stadien vom einzelnen Lebewesen über bio-historische Zwischenformen anderer Arten, die Jahrmillionen zurückliegen, in den Wachstumsphasen des menschlichen Keims wiederholt werden, bevor die menschliche Gestalt sich ausbildet. Nach neueren, sehr viel späteren Teilforschungsergebnissen müssen wir annehmen, daß dies auch für die psychologische und soziale Entwicklung des Menschen in späteren Entwicklungsstadien zutrifft. In abgekürzter Form durchläuft von der frühen Kindheit an jeder einzelne auch im Bereich seiner seelischen Entwicklung gleichsam die Geschichte vom Neandertaler bis zum Zivilisationsmenschen.

Es war einmal ...

Aber wo erfahren wir Liebe zum ersten Mal und auf welche Weise? Das alltägliche Sprichwort: »Liebe geht durch den Magen«, das von manchen Frauen so falsch begriffen wird, daß sie ihre Männer ahnungslos zu Tode füttern, bekommt einen ganz anderen Sinn, wenn wir die Tatsache wahrnehmen, daß die erste Liebeszuwendung, die wir erfahren, tatsächlich ein Fütterungserlebnis ist, das uns satt und zufrieden wieder einschlafen läßt. Die ständige Wiederkehr des Kreislaufes: Hunger – Schrei – Nahrung – Stillung – Schlaf – Hunger ist die erste Liebeserfahrung, auf der unser Vertrauen in eine Welt beruht, die uns versorgt und am Leben erhält, noch ehe wir die Person voll begreifen, von der dies ausgeht. Diese Liebeserfahrung und das daraus sich entwickelnde Vertrauen wird schwächer und störanfälliger sein, wenn die Verläßlichkeit und Regelmäßigkeit einer wiederkehrenden Befriedigung – aus welchen Gründen auch immer – ausblieb oder lückenhaft war.

Das klingt dem Durchschnittserwachsenen fremd. Aber wie tief diese Erfahrung sitzt, wird an ganz einfachen Beispielen sichtbar: Nie sind wir ärgerlicher, als wenn uns jemand das Essen oder Trinken vor dem Munde wegschnappt, wenn wir besonders hungrig oder durstig sind. Die zunehmende Sucht nach alkoholischen Getränken allein würde deutlich machen, wie sehr erwachsene Menschen in diese frühkindliche »Mundwelt« zurückfallen können, weil sie subjektiv unter dem Gefühl leiden, in irgendeiner Weise zu kurz zu kommen, und keine anderen Befriedigungsformen finden. Dabei bleibt die Flasche als »Stillungsobjekt« gleich, auch wenn sie früher Milch und später plötzlich Bier oder Schnaps (als Beweis scheinbar erwachsener Stärke) enthält. Auch die Überbetonung der weiblichen Brust in allerlei kommerziellen pseudoerotischen Darstellungen deutet mehr auf einen kindlichen Wunsch nach nährender Liebe an der Mutterbrust, als es die Darstellung der Frau als »Sexbombe« anstrebt. Der Schrei nach einer ewig gebenden Mutter und die Angst, dauernd zu kurz zu kommen, sind das Hauptmotiv des chronischen Trinkers, der sich zugleich aus Rache selbst zerstören muß, weil er den kindlichen Anspruch, Liebe ausschließlich zu bekommen, nicht aufgeben kann, um selbst Liebe zu geben. Jeder geheilte Trinker weiß, daß er anderen Zuneigung und Aufmerksamkeit geben muß, um selbst Verständnis und Liebe zu empfangen. Liebe und Partnerschaft zerbrechen sofort am Alkohol, wenn einer oder beide Partner glauben, sie könnten den kindlichen Anspruch, dauernd kostenlos und ohne Gegenleistung gleichsam gefüttert zu werden, gegenüber dem anderen aufrechterhalten. Dabei gerät der andere oft in eine Position, in der alle negativen Erfahrungen und Verwöhnungserwartungen gegenüber einer Muttergestalt auf ihn »übertragen« werden. Obwohl dies häufiger bei Männern geschieht, erwarten oft auch Frauen von den Männern diese Art mütterliche Haltung und Versorgung. Dabei ist Verwöhnung das Gegenteil von Liebe, eher deren Zerstörung oder Vermeidung durch Bestechung; und der niemals zu befriedigende Verwöhnungsanspruch des Trinkers zeigt diesen Rückgriff auf sehr frühkindliche Liebeserwartungen in aller Deutlichkeit.

Mit Liebe hat dies alles insofern zu tun, als unsere Vorstellungen vom Paradies oft sehr kindlich bleiben, eher ähnlich den Phantasien vom Schlaraffenland, das in seiner Mühelosigkeit dem Leben und den Erfahrungen des Babys und Kleinkindes entspricht. Die Rückkehr in die kindliche Welt – Wärme in der Badewanne mit passivem Gepflegt- und Gestreicheltwerden – macht sich auch die gewerbliche Prostitution zunutze, die geschichtlich keineswegs neu ist. Eine Neigung zu zärtlich-passiven Gefühls- und Erlebnisformen gab es bereits in der griechischen und römischen Kultur, ebenso wie bei einigen anderen Völkern, durchaus als »Liebessitte« innerhalb und außerhalb der Ehe. Ist es daher wirklich so unwahrscheinlich, wenn wir dies mit kindlich unbesorgtem Glückserleben in Beziehung setzen? Gewiß, Bäder haben den sachlichen Zweck, die Haut zu reinigen, aber eben diese Haut ist unser erstes und bleibendes Kontaktorgan vor und nach der Geburt, von dem unsere Grenzen zwischen innen und außen bestimmt werden. Wo bliebe Zärtlichkeit ohne die Empfindungsfähigkeit der Haut, die andere Organsysteme, Phantasien und Ängste allein durch die Art der Berührung auszulösen vermag? Im Spott wurde Ende des letzten Jahrhunderts die »Liebe à la Meyer« als ein Verhalten bezeichnet, bei dem auch in der geschlechtlichen Vereinigung kein Kleidungsstück abgelegt und der Kontakt auf die Geschlechtsorgane beschränkt bleibt. Die Geschichte des Hautkontaktes geht aber auf lustvolle Erlebnisse der frühen Kindheit zurück, bei denen wir (wie im Paradies?) umhegt und zärtlich gehätschelt wurden – falls eine Mutter den natürlichen Sinn für dieses Spiel hatte. Wäre es demnach nicht ebenso natürlich, Ähnliches später als Erfüllung zu erwarten? Berührung und Zärtlichkeit, wahrgenommen durch die Haut, als erregendes Vorstadium einer Liebesbeziehung? Daran scheint sich im größten Teil der Welt im Lauf der Jahrhunderte wenig geändert zu haben, eben weil frühere, unbewußte Erlebnisse in der Gedächtnisbank des Unbewußten ruhen und lustvolle Erinnerungen nach Wiederholung verlangen, auch wenn das Wirklichkeitsprinzip für den Erwachsenen andere Bedingungen setzt als für das »unschuldige« Kind.

Unsere Phantasien und Sehnsüchte nach einer »heilen Welt«

sind Bruchstücke früher sinnlicher Befriedigungserlebnisse in der Beziehung zu Pflegepersonen, die uns liebevoll behandelt haben und uns Lust verschafften. »Lust und Liebe«, oft in Zusammenhang gebracht, haben ihre tiefere Quelle in den für das wache Gedächtnis zwar verblaßten, für die unbewußte Sehnsucht jedoch durchaus lebendigen Erinnerungen, die unser Lustempfinden ursprünglich bahnten. In einer Zeitepoche allgemein verringerter Bereitschaft zu mütterlichem Verhalten läßt sich nachweisen, wie die aggressiven, zerstörerischen Bedürfnisse, die Unfähigkeit, Versagungen auszuhalten, der Mangel an Toleranz und die Neigung zu Ausbrüchen, Terror und Gewalt zunehmen. Dabei ist diese schwindelnde Bereitschaft zum Annehmen geschlechtsspezifischen Verhaltens gegenüber dem Nachwuchs auch von kollektiven Faktoren abhängig, die nicht im Bereich der Sexualität liegen, sondern eher auf deren Abwehr beruhen.

Es würde den meisten Wissenschaftlern schwerfallen, den Begriff »Sexualität« voll zu definieren, weil jede Wissenschaft einen anderen Aspekt der gleichen Erscheinungen zu isolieren versucht. Der Ethologe (Tierverhaltensforscher) würde auf die Ergebnisse der Harlowschen Affenversuche hinweisen, bei denen Affenkinder, die mit einer künstlichen Mutter (Drahtgestell mit Flasche und Frotteetuchmodell ohne Flasche zum Anlehnen) aufgezogen wurden, jede Fähigkeit sowohl zu sozialem wie zu sexuellem Kontakt mit gleichaltrigen Artgenossen verloren. Oder er würde Konrad Lorenz' Beispiel der Gans Martina schildern, die Lorenz als »Muttergestalt« anhing, weil er das erste Objekt war, das sich ihr nach dem Ausschlüpfen aus dem Ei einprägte. Der Endokrinologe (Hormonforscher) würde auf den entscheidenden Unterschied gegenüber dem Tier hinweisen, daß Sexualität beim Menschen durch Phantasiebilder und innere Vorstellungen aktiviert werden kann; umgekehrt können solche Vorstellungen auch durch eine künstlich zugeführte höhere Dosis von Sexualhormonen hervorgebracht werden.

Der Theologe würde heute wohl kaum noch Sexualität allgemein als Sünde verdammen, aber vermutlich gewisse Einschränkungen machen, was er für erlaubt oder unerlaubt hält. Der Mediziner hat andere Vorstellungen von Sexualität als der

Jurist, dieser wiederum andere als Dichter und Schriftsteller – vom schlichten, unverbildeten Bürger ganz abgesehen, der sich abmüht, die Inhalte des modernen Sexualkundeunterrichts, den seine Kinder erfahren, oft nicht ohne gewisse Beunruhigung zu verstehen. Liebe und Triebe reimt sich zwar im Deutschen aufeinander, so aber auch Hiebe, mit einigen Mühen auch »trübe, bliebe« und manches andere, wenn es um des Reimes willen dringlich erscheint. In solchen vielfältigen Aufsplitterungen der Sichtweise, allein schon bei der Definition von »Sexualität«, bleibt Liebe ziemlich ungereimt, was dem einzelnen im Verlauf seines Wachstums und seiner Entwicklung die Mühe verursacht, sich das meiste selbst für sich »zusammenreimen« zu müssen. Von der Schwierigkeit völlig unterschiedlicher, innerer Antworten und Reaktionen aus psychologischen Gründen wäre hier zunächst ganz abzusehen, denn die Wachstumsentwicklung verläuft biologisch autonom nach einem Anlagekonzept, das zwar sozial und psychologisch von Umweltbedingungen fördernd oder hindernd überlagert und beeinflußt werden kann, jedoch in jedem Falle innerhalb bestimmbarer Zeitspannen zu Größenwachstum und geschlechtlicher Reifung führt.

Gedächtnis-Bank

Wenn wir zuvor vermuteten, daß Glücksgefühle dann besonders stark sind, wenn die Wirklichkeit mit unseren Wünschen und Phantasien weitgehend übereinstimmt, so wäre nun hinzuzufügen, daß diese Wünsche und Phantasien aus jenem Teil unserer inneren Gedächtnis-Bank stammen, zu der wir keinen direkten Zugang haben. Vielmehr ist es ein Wiedererkennen bestimmter Erlebnisbilder – einer »Gestalt«, wie eine Richtung der Psychologie es vor langer Zeit bezeichnet hat, wobei nicht etwa allein eine Person, sondern eine bestimmte Erlebnisgestalt gemeint ist –, von denen eine unerklärliche Anziehungskraft ausgeht.

Der Mann, der eine bestimmte Vorliebe für blonde Frauen mit mandelförmigen, dunklen Augen hat, obgleich er in der Wirklichkeit dabei immer wieder enttäuscht wurde, ahnt genausowenig wie die Frau mit einer Vorliebe für besonders große, starke, behaarte Männer mit tiefer Baßstimme, daß es sich dabei um eine Fixierung auf eine frühe Erlebnisgestalt handelt, deren Ursprung vom Bewußtsein vergessen wurde. Vom unzugänglichen Teil der Gedächtnis-Bank wird diese Urgestalt einer bestimmten, bedeutsamen Beziehungsform aber aus einem ganz anderen, meist verleugneten Grunde immer wieder präsentiert. Gefühle und Erinnerungen, die sich mit den ursprünglichen, vergessenen Erlebnissen verknüpfen, sind fast immer zwiespältig (ambivalent). Während der negative Anteil solcher Erlebnisse unterdrückt bleibt, drängt sich der positive, idealisierte Anteil in den Vordergrund. Er wird als Sehnsucht oder Verlangen spürbar. Der wirkliche innere Grund für diese bevorzugte Wahl – die »Vor-Liebe« – ist der ungelöste, unterdrückte, zuvor verunglückte Anteil des ursprünglichen Beziehungserlebnisses. Wiederum handelt es sich dabei nur um ein Teilerlebnis, das heißt, das Erinnerungsbruchstück ist verbunden mit Teilen anderer Erlebnisse, anderen »Gestalten«, aber das damit zusammenhängende Gefühl ist besonders stark, zum Beispiel sehr heftige, überwältigende Sehnsucht, Wunsch nach Anlehnung oder Schutz, jedoch zugleich Angst vor Enttäuschung und Abgewiesenwerden.

Liebe enthält bestimmte Grundmöglichkeiten menschlichen Erlebens. Die wichtigste davon ist das Gefühl, sich so angenommen zu fühlen, wie man glaubt zu sein. Der andere soll jene Identität in uns wahrnehmen und anerkennen, die uns als unser Selbstbild bewußt ist. Den anderen Teil, den wir selbst nicht wahrnehmen, soll er nach Möglichkeit auslassen, weil dieser Teil uns fremd erscheint. Das umfaßt zugleich die Hoffnung, daß die Schwächen und Fehler, die wir haben mögen, liebend mit einbezogen und wir deshalb nicht abgewiesen werden. Die Ur-Gestalt solchen Erlebens ist aber mit der von früher durchaus vorhandenen Angst verbunden, übersehen, abgewiesen zu werden und ungeliebt zu bleiben. Diese Furcht wird um so größer sein, je weniger wir das Gefühl haben, wirklich liebenswert zu

sein. Je mehr Selbstzweifel, desto größer die Angst, ungeliebt zu
bleiben, wenn wir selbst unsere härtesten Kritiker sind. Diese
Befürchtungen stammen jedoch aus einer Grunderfahrung in unserer frühesten Umgebung. Schwierig zu verstehen ist nur, daß
es sich dabei keineswegs immer um das tatsächliche Verhalten
der Umgebung handeln muß – also wieweit wir wirkliche Annahme oder Zurückweisung erfahren haben –, sondern um das
Ergebnis unserer eigenen, inneren Beziehung zu den bedeutsamen Personen unserer früheren Umgebung, meist den Eltern.
Oft ist der subjektive Eindruck, nicht genug geliebt worden zu
sein, das Ergebnis eines falschen Anspruches oder eines eigenen geheimen Grolls gegen die Eltern. Er rührt daher, daß wir
meist mehr geliebt werden wollen, also mehr »haben« wollen,
als wir bereit sind zu lieben, also Liebe zu geben. Für das Kind
ist diese Haltung nicht ungewöhnlich. Das Erlernen der Liebe
erfordert jedoch einzusehen, daß es ein Geben und Nehmen ist,
von dem unsere Beziehungen bestimmt werden.

Nicht selten ist die Überansprüchlichkeit, nur geliebt werden
zu wollen, Ergebnis eines zu krassen Wechsels zwischen einem
sehr frühen »paradiesischen« Abschnitt glücklicher Zweisamkeit
mit einer im Übermaß gebenden und über ihre Mutterschaft be-
glückten Mutter während der Babyzeit und der folgenden Phase
des Übergangs etwa zur festen Nahrung und zur Reinlichkeits-
erziehung, die mit vielerlei Konflikten und ersten Machtkämpfen
wie auch Aggressionen zwischen Kind und Erwachsenem verbunden sind. Trotz ist eine der Grundmöglichkeiten auch in der
Liebe – oft verbunden mit Motiven falschen Stolzes, unglücklichem
Starrsinn und zerstörerischen Wutphantasien –, deren Herkunft
aus dem frühen Vertrauensbruch jenseits der Paradiesphase uns
so fremd erscheint. Dies gehört aber zu den ersten Möglichkeiten des Kindes, Zuneigung zu verweigern und nicht zu erwidern,
weil nicht wie zuvor alle Wünsche selbstverständlich zufrieden-
stellend befriedigt wurden und gleichzeitig schmerzlich Neues
erlernt werden muß. Der Rückfall in kindliche Trotzhaltungen,
gerade bei Menschen, die überzeugt sind, einander zu lieben,
beruht darauf, daß wir erste Erfahrungen der Selbständigkeit
(Autonomie) vor allem dann durchlaufen, wenn wir von den ur-

sprünglichen Pflegepersonen unabhängiger werden. Das geschieht in dem langwierigen Prozeß der Beherrschung und wil-
lentlichen Kontrolle der Ausscheidungsvorgänge genauso wie im
Laufen und Sichbewegenlernen. Ein Wickelkind hat keine Sorgen, ist aber völlig abhängig von der Pflege und Aufmerksamkeit
der Umgebung. Das den Windeln entwachsende Kind erleidet
einen gewissen Verlust an Zuwendung, die ja nur durch den Stolz
wettgemacht werden kann, zunehmend unabhängiger und selb-
ständiger zu werden. Wird diese Selbständigkeit in anderer Weise wieder eingeengt, so fällt das Kind in eben jene Trotzhaltung
zurück, die sich genauso zwischen Verliebten findet, wenn die
ursprüngliche Illusion der Realitätseinsicht weicht, daß der andere eben anders ist.

Martin Luthers Mahnung, daß man »dem Volk aufs Maul
schauen« müsse, bewahrheitet sich dann am schnellsten, wenn
wir die im Gefühlsbereich direkt treffenden Ausdrucksformen der
sogenannten Vulgärsprache wahrnehmen, in denen die akade-
mischen Erkenntnisse und erforschten Wahrheiten oft lange vorher durchaus profan und in groben Sprachbildern erscheinen, die
aber den ursprünglichen Erlebnisgestalten entsprechen. So wird
Trotz sehr häufig mit der aggressiven Wendung »da scheiß' ich
drauf« verbunden, ähnlich wie es etwa in der Abwandlung eines
Liedtextes durch Soldaten erfolgt: »Auf deine Liebe sch . . .
ich . . .!« Das ist nicht zu verwechseln mit jener künstlichen, nur
scheinbar volkstümlichen Vulgarisierung der erotischen Sprache,
mit deren Hilfe sich pseudosozialistische Intellektuelle eine Esels-
brücke zum vermeintlich »gemeinen« Volke bauen möchten, um
dadurch ihre eigenen Verklemmungen zu kompensieren oder
ihre bürgerliche Herkunft zu verleugnen. Es ist töricht, zu glauben, daß der »einfache« Mann – oft genug als der »Ungebildete«
fälschlich abgewertet in Überschätzung technischen Verstandes-
wissens – nicht in der Lage wäre, seine Gefühle klar auszudrücken. Im Gegenteil, gerade in der Liebe sind die Beziehungsformen des »Volkes« erheblich echter, direkter und meist offener
und ehrlicher, jedoch keineswegs dem Vokabular aufklärungs-
wütiger Intellektueller entsprechend. Wenn letzteren Moral und
Sitte des »einfachen« Mannes etwas geläufiger wären, würden

sie vermutlich im eigenen Leben weniger Schwierigkeiten haben
zu lieben, und sie entgingen der Gefahr, an dem Übergewicht der
Selbstliebe (Narzißmus) zu ersticken, die in Verkennung der Wirklichkeit leicht allen anderen zugeschrieben wird. Eben dieser
Narzißmus ist jedoch eines der Haupthindernisse der Liebe.

Auf eine einfachere Formel gebracht: Wir alle haben zwei
Ur-Möglichkeiten des gleichen Themas, ausgesagt in der christ-
lichen Forderung: »Liebe deinen Nächsten wie dich selbst.« Auf
der ersten Stufe unserer Liebesfähigkeit entwickeln wir die (wahrscheinlich angeborene) Begabung, uns einerseits allem, was
außerhalb unser selbst, das heißt jenseits der Hautgrenze liegt,
zuzuwenden oder aber uns andererseits auf uns selbst zurück-
zuziehen. Das daumenlutschende Kleinkind bewältigt den Entzug der lust- und nahrungsspendenden Brust oder Flasche als
Symbol mütterlicher Zuwendung, indem es sich eigene Lust
durch »Selbstliebe« verschafft – ein begreiflicher und vorüber-
gehender Rückzug. Das Kleinkind verteidigt und liebt die schon
halb zerfledderte unansehnliche Puppe, einen durchlöcherten
Teddybär oder ein Stück weichen Stoff als Ersatz für die abwesende Mutter (transitional object = Übergangsobjekt, Winni-
cott), als Erinnerungen an ihre Liebe. Behalten nicht viele Menschen auch später im Leben vor allem beim Tode eines geliebten Menschen oder nach einer Trennung ein »Stück«, das
einen Teil der vergangenen glücklichen Beziehung symbolisiert?
Manche Ehen, vor allem aber Zweit- oder Drittehen scheitern
oder gelingen, weil es unmöglich oder umgekehrt erstmalig möglich wird, eine ähnliche Art des Beziehungsgefüges herzustellen
wie in der ersehnten »Gestalt« frühen Kindheitsglückes. Würden
sich alle Menschen, die sich in Liebe zueinander hingezogen
fühlen, ein wenig genauer ansehen, wie das ursprüngliche Beziehungsgefüge einer Familie – gleichsam deren Urmodell der
Liebe – im Alltag wirklich aussieht, so wäre manche Enttäuschung
vermeidbar. Meist geschieht das Gegenteil in der Annahme, daß
in dem neuen Leben mit dem Partner alles »ganz anders« werde,
was oft auch die Flucht aus dem Elternhaus kennzeichnet.

Das Gelingen einer neuen Beziehung hängt freilich immer
von der jeweiligen Wandlungsfähigkeit beider Partner ab. Es ist

durchaus möglich, ein völlig neues Leben zu beginnen, wenn es gelingt, die Neigung, ursprüngliche Beziehungsformen immer wieder herzustellen, durch Einsicht in den unbewußten Wiederholungszwang zu überwinden. Allein die Stellung in der Geschwisterreihe, die eine zu einseitige positive oder negative Identifizierung (positive Indentifizierung = so wie . . .; negative = nicht so wie . .) bedingt, oder bestimmte Vorurteile der Familie, z. B. gegenüber Mädchen, können dazu beitragen, die Schwierigkeiten zwischen Partnern erheblich zu vergrößern. Eine älteste Schwester von drei jüngeren Brüdern mag daran gewöhnt sein, Aufsicht zu führen und eine gewisse herrschende Kontrolle auszuüben. Das kann einerseits ihre Bemutterungstendenz verstärken, aber auch einen Ehemann zum Widerstand treiben, der etwa selbst in der Position des ältesten Sohnes gewohnt war zu »herrschen«. »Nesthäkchen« können in einer Ehe in die fatale Lage geraten, daß sie miteinander um Versöhnung und Anerkennung konkurrieren. Eine mittlere Schwester, stets eifersüchtig auf die Erfolge und den Charme der älteren Schwester und zugleich neidisch auf die größere Zuwendung der Familie zur nachgeborenen, jüngeren Schwester, wird nicht nur die Erfolge eines Ehemannes kaum ertragen und sich schwerlich gemeinsam mit ihm ehrlich daran freuen können, sondern sie wird auch in heftigem Konkurrenzgebaren ständig zeigen müssen, daß sie gleichsam der verkannte bessere Teil ist.

Natürlich »muß« dies nicht geschehen, wenn sich beide Partner über die möglichen Wirkungen solcher Geschwisterkonstellationen oder ursprünglichen Erlebnisse klarwerden, um sich nicht in eine Art »Schicksalsmasche« (Künkel) zu verheddern oder sich ständig im Kreise zu drehen. Die Tendenz, das Leben gleichsam wie in einem Weckglas und damit die Liebe als »Konserve« aufzubewahren, enthüllt zugleich meist die Vermeidung einer notwendigen Auseinandersetzung mit den in der Kindheit geprägten »Vor-Lieben« und abwehrenden Ängsten. Letztere sind erworben, nicht angeboren. Sie gehen auf die Grundbedingung zurück, die aus der seelischen Abhängigkeit des Kindes entsteht. Angewiesen auf die Anerkennung der Eltern in seinem eigenen Recht und in seiner Einmaligkeit, stößt das Kind auf eine formelhafte Bedingung: »Du bist meiner Liebe und Aufmerksamkeit nicht wert, wenn du nicht . . .« entweder »ordentlich bist« oder »mich nicht erfreust . . . nicht so bist, wie ich mir dich wünsche . . . dauernd gute Leistung erbringst . . . immer gehorsam und beherrscht bist . . .« usw. – der Katalog solcher Erpressungsforderungen ließe sich beliebig verlängern. Sie sind um so bedingungsloser, je mehr die Eltern selbst Opfer solcher Anerkennungs- und Liebesbedingungen waren, die sich dann oft in der Ehe als Forderung oder Angst vor Forderung fortsetzen können.

Die Grundmöglichkeit der Liebe von Anbeginn ist die Erfahrung von Nehmen und Geben. Der Säugling nimmt überwiegend, aber er gibt durchaus etwas zurück. Nicht nur sein erstes Lächeln, sondern auch die Stille, Zufriedenheit und Gesundheit ohne größere Entwicklungskomplikationen oder nächtliche Aufregungen.

Das Kleinkind gibt empfangene Liebe zurück durch Neugier, Interesse und tausend Fragen, die allzu oft als lästig abgewehrt werden, ohne daß das liebende Interesse daran erkannt wird. Mir sind Ehefrauen begegnet, die mit dem gleichen Interesse und unermüdlicher Neugier ihre hochgelehrten Männer nach wissenschaftlichen, technischen oder geschäftichen Details fragten, ohne daß die Männer solche »dummen« Fragen jemals als eine Wiederholung des liebenden Gebens des Kindes begriffen, das in diesem Falle nur in eine Erwachsenensprache übersetzt war. Die Gefühlstönung und der Wunsch nach Zuwendung ist der gleiche Vorgang. Die meisten Männer verfallen dann eher in die Rolle der eigenen Eltern mit dem lieblosen Rückschluß: »Du bist doch zu dumm, um das zu verstehen«, was ihnen den vermeintlichen männlichen Überlegenheitsanspruch sichert – wie zuvor im Elternhaus erlebt. Die im fragenden Interesse enthaltene Liebe wird übersehen und abgewiesen.

Schritte und Stufen

Die Wechselwirkung von Nehmen und Geben in der Liebe von diesen Grundmöglichkeiten der ersten Erfahrungen her richtig zu erkennen und neue, zuvor unerprobte Möglichkeiten zu entwickeln wäre die Voraussetzung für Entwicklung der Liebesfähigkeit. Sich lieben zu lassen erscheint stets als die einfachere und sicherere, aber auch kindlichere Form des Verständnisses bedeutsamer mitmenschlicher Beziehungen. Viele moderne Liebesbeziehungen beruhen auf einer Pseudo-Liebe oder auf Verliebtheit, genauer genommen auf einem begrenzten Vertrag der Bestätigung von Bedürfnissen der Eigenliebe. Wiederum besteht die Schwierigkeit darin, die Komplexität des Geschehens zu verstehen, denn dieser begrenzte Vertrag beruht auf einer Art der Gegenseitigkeit, die das eigene ideale Selbstbild bestätigen soll.

Nehmen wir als ein Beispiel die Formel »ich bin schön«, die ein bewundertes Kind im Laufe von zwanzig bis dreißig Jahren als Selbstbild entwickelt hat. Der »Vertrag« mit dem Partner wird dann lauten: Du mußt mir meine Schönheit bestätigen, damit ich mich in dir widerspiegeln kann. Das Unglück des schönen Kindes besteht nur darin, daß eine Konkurrenz auftauchen könnte, die mehr Aufmerksamkeit und Bewunderung auf sich zieht oder daß die Schönheit allmählich vergeht. Die Wahrscheinlichkeit, daß ein Partner mit einem ähnlichen Problem gewählt wird, wenn auch vielleicht mit einer besonderen Selbstliebe anderer Art, ergibt sich aus dem Bedürfnis, Bestätigung für die jede wirkliche Wahrnehmung des anderen verhindernde Selbstliebe zu finden. Es gibt freilich auch Männer, die sich schöne Frauen wie einen Kunstgegenstand kaufen als Ausdruck des Besitzes und der Repräsentation. Allein schon der Begriff »Liebesobjekt« wäre fehl am Platz, denn das mit Schmuck und Preziosen behängte »Repräsentationsstück« ist mehr ein Objekt der Selbstliebe, das gleichsam die Symbolisierung der eigenen Potenz als Aushängeschild für den Mann des Besitzes darstellen soll. Als »Subjekt« geht die Partnerin nur dann in die Beziehung ein, wenn sie ihrerseits Ansprüche stellt, die diesen Mann des Besitzes an seiner empfindlichsten Stelle treffen, seinem Stolz auf die Macht des Geldes. Beide werden also erst dann beginnen, einander wirklich wahrzunehmen, wenn die ursprüngliche Vertragsbedingung hinfällig wird, sei es durch verblühte Schönheit, wachsende Intelligenz der für dumm und bequem gehaltenen Partnerin oder Verringerung der finanziellen Möglichkeiten. Mit »Liebe« hat eine solche Beziehung wenig zu tun, denn sie entsteht auf der Basis einer seelischen Unterentwicklung: dem kindlichen Anspruch der Bestätigung einer verirrten Selbstliebe.

Nun unterliegen wir alle der Gefahr, uns selbst mehr zu lieben als den Nächsten. Egoismus und Egozentrik sind alltägliche, geläufige Beispiele. Je totaler sie sich entwickelt haben, um so mehr ist die Fähigkeit verkümmert, andere Menschen überhaupt wahrzunehmen oder sich für sie zu interessieren. Mangelnde Wahrnehmungsfähigkeit für andere führt jedoch unausweichlich zu Selbsttäuschungen, weil jene Signale der anderen nicht mehr empfangen werden können, die eine Korrektur des schiefen Selbstbildnisses ermöglichen würden. Die Lernfähigkeit wird dadurch ganz allgemein verringert. Das Erstarren in bestimmten Haltungen führt dann zum Konflikt mit der Außenwelt und mit dem eigenen Lebensablauf.

Harlows durch Entzug der Mutter früh geschädigte Affenkinder waren nicht in der Lage, die Not- und Warnsignale ihrer Artgenossen wahrzunehmen und darauf zu reagieren, weder wenn die anderen noch wenn sie selbst in eine voraussehbare (experimentelle) Schmerzgefahr gerieten. Dieses Beispiel aus dem Tierverhalten läßt sich nun keineswegs direkt übertragen. Es wäre ein fataler Irrtum, anzunehmen, daß ein Mensch zur dauernden Liebesunfähigkeit verurteilt sei, weil ursprünglich Zuwendung und Aufmerksamkeit einer liebenden Pflegeperson in der frühen Kindheit gefehlt haben. Er wird es gewiß schwerer haben als andere, die im Wissen der Umgebung um die Bedeutung der frühen Entwicklungsjahre für die Entfaltung der Erlebnis- und Gefühlsfähigkeit ebenso wie für die Intelligenz verstehende und fördernde Liebe erfuhren. Dennoch handelt es sich beim Menschen um andere Sachverhalte als beim Tier; so nahe Menschenaffen in der biologischen Entwicklungsstufe uns auch sein mögen, die Lernfähigkeit des Menschen ist größer und besonders in den weiteren Lebensabschnitten entwicklungsfähig. Wenn auch manche Menschen daran scheitern, daß ihnen in den Reifejahren aus gesellschaftlichen Vorurteilen oder sozialer Achtlosigkeit keine Chance für neue, unmittelbare Lernerfahrungen auf der Gefühlsebene gegeben wird, und dann entweder seelisch krank werden oder aus trotziger Enttäuschung sich für eine antisoziale Rachehaltung entscheiden, so ist doch zu jedem späteren Lebenszeitpunkt die Möglichkeit neuer Erfahrung und Wandlung durch Erziehung zur Liebe durchaus gegeben. Nur fehlt es dem professionellen »Erzieher« auf Grund seiner falschen Ausbildung heute noch oft an den notwendigen Einsichten und der Bereitschaft, das Wagnis einzugehen, sich selbst als Person in einer Beziehung einzusetzen und die dabei auftauchende vorübergehende Ablehnung oder negative Abwehr des anderen zu ertragen.

Die Formulierung »Erziehung zur Liebe« mag verwundern, aber es wäre durchaus falsch, anzunehmen, daß die Fähigkeit zu lieben wie im Schlaraffenland mühelos vom Himmel falle oder ein angeborener Glücksumstand sei. Vielmehr ist fast alles, was sich in den ersten Lebensjahren abspielt, gleichsam eine Vorschule der Liebe, und die dabei gemachten Erfahrungen setzen sich dann in der Pubertät und Adoleszenz mit der Notwendigkeit zu erheblich größeren Lernanstrengungen fort. *Liebe wird erlernt, sie ist nicht angeboren.* Weil dieser Lernvorgang so schwierig, lückenhaft und oft mit schmerzlichen Versagungen verbunden ist, fällt es auch jenen schwer, die Liebe zu lehren, die für diesen Lernvorgang primär verantwortlich sind.

Mit der Vorstellung von Elternliebe verbindet sich oft eine unbestimmte Weichheit und nachgiebige Güte oder, viel schlimmer, ein jäher Wechsel zwischen übergroßer Verwöhnung aus schlechtem Gewissen oder Ahnungslosigkeit sowie mangelndem Interesse für die Grundlagen der Entwicklung des Kindes (überwiegend bei Vätern) und einer plötzlichen Härte, die alle Fehler der vorausgehenden Verwöhnung doppelt wiedergutmachen soll, bis sich die Waage wieder zum anderen Ende, nämlich zur Verwöhnung, neigt, um Schuldgefühle wegen der brutalen Härte zu beseitigen und das Kind zu bestechen. Es wäre die erste Aufgabe für Eltern, wirklich zu lernen, welche Entwicklungsschritte ein Kind auf welchen Altersstufen erreichen muß, um lieben zu können. Es hat mich stets erschreckt, bei Befragungen festzustellen, daß fast sechzig Prozent der Eltern, mit denen ich im Laufe der Jahrzehnte praktischer Beratungsarbeit in Berührung kam, nicht die geringste Vorstellung hatten, was sie im jeweiligen Lebensabschnitt während der ersten sechs Jahre von ihrem Kind erwarten können, was in ihm vorgeht, welche Ängste und Wünsche das Kind hat und welcher gezielten Anregungen, Anstöße und Unterstützungen es bedarf, um sozial zu lernen und eine natürliche Liebesfähigkeit zu entwickeln. Der Ausdruck »sozial« ist hier mit voller Absicht gebraucht, denn in einem viel weiteren Sinne als der heute propagandistisch mißbrauchte Begriff »sozialistisch« kennzeichnet er die Bejahung der Erziehung zur Nächstenliebe, während durch den Begriff »sozialistisch« ganze Gruppen von Menschen als verdächtige Minoritäten ausgeschlossen oder verdächtigt werden. Bei allem Geschrei nach Reformen der Erziehung fehlt leider bislang die Einsicht, daß das wichtigste Element der Erziehung zum Leben die Entwicklung der Liebesfähigkeit ist. Sieht man sich die Erziehungseinrichtungen unserer Welt genauer an, so finden sich eher alle Spuren der Vermeidung dieses Zieles als ernsthafte Bemühungen um eine Entwicklung von Gefühlsfähigkeit.

Eines der wichtigsten Erlebnisse der frühen Jahre, das eine Rolle für jede Partnerbeziehung spielt, ist die mit der Verselbständigung beginnende Unterscheidungsfähigkeit zwischen Ich und Nicht-Ich. Jeder aufmerksame Beobachter wird bestätigt finden, daß Kinder sich selbst in der dritten Person mit ihrem Ruf- oder Kosenamen bezeichnen, den die Umgebung alltäglich gebraucht. Diese Abhängigkeit und die Identifizierung des Kindes mit seiner Umgebung bewirkt oft später zwischen Liebenden die Wiederholung solcher verniedlichenden Kleinkindersprache in Form der dritten Person, wenn sie über sich selbst oder den anderen sprechen. Erst von einem bestimmten Zeitpunkt ab sagen wir als Kinder »ich«, was stets darauf hinweist, daß ein

Teil der Abhängigkeit zugunsten einer eigenen Behauptung aufgegeben wird. In manchen Adelskreisen ist es übrigens auch
heute noch üblich, erwachsenen Kindern oder jüngeren Geschwistern oder Verwandten gegenüber die dritte Person zu
gebrauchen: »Hat er (sie) . . .«; daher wohl auch im Deutschen
das Kind als »Sache«. Der kulturhistorisch feudalistische Hintergrund beleuchtet hier nur die unbewußte soziale Position des
Kindes ohne eigenes Recht, da die dritte Person (Einzahl) Untergebenen gegenüber bis 1914 durchaus üblich war, die dritte Person Plural (»Haben Herr Oberst . . .«) gegenüber Älteren und
Vorgesetzten teilweise sogar noch bis in den Zweiten Weltkrieg.

Wer Kinder – es sollten überwiegend die eigenen sein –
beim Spiel unauffällig beobachtet oder belauscht, wird zweierlei
entdecken: Im Umgang mit Tieren, Puppen und Gegenständen
wird er die eigenen, vom Kind bedrohlich erlebten, beängstigen-
den Formulierungen des Unwillens, Ärgers und Zorns wie in
einem Zerrspiegel nachgeahmt wahrnehmen können, während
er zugleich die zärtlichen Sehnsüchte, Anlehnungs- und Liebeswünsche in eben jener verniedlichenden, kindlichen, tröstenden
Sprache ausgedrückt findet. Wer sich diese Mühe macht, wird
dann auch begreifen, daß sein Kind hier die Liebe erprobt, verbunden mit der Angst des Ungeliebt- und Alleinseinmüssens. Es
bedeutet einen Fortschritt in der »Lehrfähigkeit« der Eltern, wenn
sie sich dann gelegentlich auf gleicher Ebene auf diesen Lern-
dialog der unmittelbaren Gefühle einlassen können. Dabei wird
das Kind nur auf dem Wege des Spiels und eines gemeinsamen
Dialoges mit und über das »Liebesobjekt« – die Puppe, den
Teddybär, die phantasierte Gestalt – in seiner sicheren Lernrolle
bleiben können, wenn also der Erwachsene bereit ist, gemeinsam
mit dem Kind Phantasien auszutauschen, wie es diesen Gestalten wohl ergeht und was sie fühlen. Die Einführung der Realität
des Erwachsenen und seiner Welt würde einen Einbruch und
ein Aus-der-Rolle-Fallen bedeuten, was jedes Kind sofort zum
Aufgeben zwingt. Die Realität des Kindes ist nicht bedeutungs-
loser als die des Erwachsenen, vielmehr ist es umgekehrt so,
daß sogenannte irrationale Verhaltensweisen von Partnern gegeneinander auf Grund der Gefühle entstehen, die von der Kind-

heit her in der Gedächtnis-Bank ruhen und von dorther eine
mächtige Wirkung ausüben.

Was aber wird erlernt? Welches sind die Schritte und Stufen
in der Welt der Gefühle? »Ich mag dich nicht, du bist ein ganz
böses Kind« ist die eine Formel, in der wir uns selbst hören, oft
verbunden mit Beschimpfungen, deren wir uns im Augenblick
des Ärgers gar nicht voll bewußt waren. Als ein Vierjähriger, stolz
neben dem Vater im Auto sitzend, andere Verkehrsteilnehmer
laufend mit Schimpfworten belegte: »So ein Idiot . . ., Kamel . . .,
Armleuchter« usw., brach der erstaunte Vater in den Entsetzens-
ruf »Aber Junge!« aus. Die sachliche Bestätigung der Mutter vom
Rücksitz aus: »Wieso? Das sagst du doch auch immer!« be-
ruhigte den nun über den Vater erstaunten Knaben und machte
dem Vater zugleich bewußt, was sein Sohn durch Identifizierung
von ihm lernte.

Nun lernen Kinder keineswegs nur aus Worten, am aller-
wenigsten aus Predigten, die im Gegensatz zu Handeln und tat-
sächlichem Verhalten der Eltern stehen. Es ist recht logisch, wenn
sich im Laufe der weiteren Entwicklung schließlich der Sohn im
Bewußtsein, dem gleichen Geschlecht anzugehören, mit dem
Vater und die Tochter mit der Mutter identifiziert, also auch einen
großen Teil des Verhaltens des jeweiligen Ehepartners dem anderen Geschlecht gegenüber übernimmt. Was sollen wir anderes
erwarten? Welche Art von Liebe lernt das Kind in diesen Beob-
achtungen? Die törichte Ausrede ». . . ist ja noch (oder schlimmer
›nur‹) ein Kind« verkennt völlig die Beeindruckbarkeit, Nach-
ahmungstendenz und Beobachtungsgabe des Kindes, die an
anderer Stelle durchaus erwünscht ist. Aber diese Identifizierung
mit dem gleichgeschlechtlichen Elternteil, die einen großen
Schritt zur späteren Liebesfähigkeit darstellt, verläuft keineswegs
so reibungslos, daß es nicht einer Reihe entscheidender Hilfen
bedürfte.

Mädchen haben es dabei schwerer, denn ihre erste Bezie-
hungsperson, von der sie Liebe erfahren und erlernen, ist die
Mutter. Mit der frühen Ablösung und größeren Verselbständigung, zu der sie von der Mutter aufgefordert und angeleitet werden, erleiden sie nicht nur den Verlust dieser früheren Nähe und

Wärme, sie müssen auch gleichzeitig lernen, sich dem zunächst viel fremderen und ferneren Vater zu nähern. Das verbindet sich oft mit dem Gefühl, den Vater gleichsam gegen die Mutter für sich selbst erobern zu müssen. Männer verstehen oft die Eifersucht von Frauen wenig oder halten sie für übertrieben, ohne dabei zu bedenken, daß jedes kleine Mädchen sehr viel früher durch die Phase des Zweifels und der Rivalität mit der Mutter hindurchgeht, die ihr bittere Pein verursachen kann. Umgekehrt wird die Loyalität von Frauen untereinander verkannt und gelegentlich akademisch bis zum »dualen Seins-Modus der Frau« abstrahiert oder in Verkennung der Realität latent lesbischer Tendenzen verdächtigt – eine Bereitschaft zur Offenheit gegeneinander, die gerade aus jenen frühen, im günstigsten Falle positiven Erfahrungen herrührt, in denen die Mutter den Vater-Mann erklärt, nahebringt und vermittelt hat, ohne die Eifersucht ihrerseits zu übertreiben, sie jedoch auch nicht auszulassen. Fatal daran ist nur, daß auch viele Mütter in dieser Lage aus unbewußten Erinnerungen heraus »agieren«, weil die heranwachsende Tochter alle eigenen ungelösten ersten Liebesprobleme im Konflikt zwischen Mutter und Vater in ihrer eigenen Kindheit wieder aufgerührt hat. Schiebt sie dann dieses ungelöste Problem als zusätzliche Bürde gleichsam in den Rucksack des Kindes, so wird später die mit dieser Last heranwachsende Frau einer Reihe von typischen Liebes- und Eheschwierigkeiten entgegensehen können, die bei verzagten Menschen das Problem so unlösbar erscheinen lassen, daß schließlich Ehelosigkeit und Alleinsein, trotz mancher Trauer und Depression, als Scheinlösung des Konfliktes zur Vermeidung von Schmerz das Endergebnis ist.

Diese eigenen, von der Kindheit herrührenden Spannungen im Alltag einer Liebesbeziehung und einer fortbestehenden Ehe jeweils immer wieder von neuem wahrzunehmen, zu überdenken und einsichtigen Wandel zu schaffen, scheint vielen Menschen in einer Welt, die mechanische Sofortlösungen durch Knopfdruck auf allen Lebensgebieten (einschließlich der Sexualität) als höheren Lebensgenuß anpreist, einfach zu mühsam. Sie geben zu früh auf, merken aber zugleich, daß jeder Versuch, vor dieser notwendigen Bewältigung zu fliehen, dann nur zu größeren, schmerzhafteren Übeln führt. Schließlich erscheinen die anderen als Schuldige: »Es gibt keine Liebe mehr unter den Menschen!« Es ist ähnlich wie bei der Inflation: Jeder tätigt Angstkäufe, klagt aber gleichzeitig, wenn dadurch die Preise steigen. Sexuelle Süchtigkeit zeigt genauso wie andere Formen der Sucht, wie Alkohol- und Drogenmißbrauch, nur zu deutlich, in welcher Weise diese Vermeidungstendenz zur Haltung großer Massen geworden ist, beeinflußt durch die Suggestion, daß das Leben mit technischen Mitteln leichter zu machen und die Liebe eine Art von Kinderspiel sei.

Die Wendung des Mädchens von der Mutter zum Vater als dem Repräsentanten eines möglichen, zukünftigen Partners des anderen Geschlechtes ist mit vielen Ängsten verbunden. Die meisten Frauen wissen nicht, daß ihre Ängste und Phantasien über Vergewaltigung, Verletzung durch Defloration und manche anderen Minderwertigkeitsgefühle aus zwei ähnlichen Quellen herrühren: Obwohl vergessen, verdrängt und verleugnet, haben die meisten Kinder bei irgendeiner zufälligen Gelegenheit die Geschlechtsorgane der Eltern oder anderer Erwachsener wahrgenommen. Während bei Knaben der dann einsetzende Größenvergleich jene motzige Großmannssucht und Prahlerei als Kompensation auslösen kann, kommen Mädchen oft zu gegenteiligen Phantasien, nämlich auf Grund des Größenunterschiedes verletzt zu werden, zumal beide Geschlechter allerlei »blutige« Phantasien über die Geschlechtsbeziehungen der Eltern haben, deren Bedeutung erst erlernt werden muß. Diese Inhalte sind freilich vergessen und versunken in Erinnerungslücken. Ihre Wirkungen sind dennoch da. Der Wunsch und das Interesse mancher sehr jungen Mädchen und Frauen, intime Beziehungen mit älteren Männern einzugehen, die ihre Väter sein könnten, bestätigt umgekehrt das Andauern unbewußter kindlicher inzestuöser Phantasien, gleichsam als müsse die Wirklichkeit nun doch noch bestätigen, daß es möglich sei, die ursprüngliche Angst zu überwinden. Das tatsächliche Motiv solcher geheimen Inzestwünsche ist jedoch meist die verborgene und verleugnete Rivalität mit der Mutter, die in der Gestalt der im Hintergrund befindlichen Ehefrau des

»Vater«-Partners wiederbelebt wird. Dem älteren oder besser alternden Manne ist einerseits oft nur halb bewußt, wie sehr er seiner eigenen Angst vor dem Älterwerden zu entfliehen versucht. Viel weniger klar ist er sich jedoch meist darüber, daß die junge Partnerin – mitunter eine Freundin der eigenen Tochter oder eine »Schülerin« – unbewußt für ihn jene Mutter repräsentiert, wie sie, in seiner Gedächtnis-Bank ruhend, aussah, als er selbst drei bis vier Jahre alt oder jünger war. Ein bestimmter Wesenszug, die Stimme, ein Gesichtsausdruck, die Art zu lachen, zu gehen oder zu sprechen – es findet sich stets ein charakteristischer Zug, der die aktuelle Faszination des Mannes unbewußt mit den gleichen kindlichen inzestuösen Phantasien verbindet. Was als »Torschluß-panik« bei beiden Geschlechtern bezeichnet wird, bei Männern jedoch offenbar leichter zum Ausagieren führt, ist in Wirklichkeit nicht die Konfrontation mit dem Altern allein, sondern die Wieder-belebung früher Liebeswünsche des Kindes, die zwar Basis für erstes »sexuelles« Erleben waren, jedoch an der Wirklichkeit scheiterten.

Oft wird völlig verkannt, daß Kinder ursprünglich diesen Konflikt mit der Wirklichkeit durch sexuelle Selbstbefriedigung (Masturbation) zu lösen versuchen, indem sie vorübergehend eine Phantasiewelt aufbauen, die den Liebeswunsch auf kind-liche Weise befriedigt, jedoch sexuell erfüllt. Erst dieser Über-gang – vergleichbar etwa dem Daumenlutschen nach der Ent-wöhnung als Verlustersatz – ermöglicht dann die Anerkennung der Realität. Um so weniger sollte das Kind in diesem Versuch der Konfliktlösung gestört oder eingeschüchtert werden. Vielmehr bedarf es erhöhter Zuwendung, Aufmerksamkeit und unauffällig seine anderen Interessen fördernder Liebe, um die Realität ertra-gen und bewältigen zu können, die nicht mehr und nicht weniger besagt, als daß der für die Liebeswünsche ersehnte Elternteil bereits zu einem anderen Partner gehört, den das Kind sich, nicht ohne bittere Schuldgefühle, »weg« wünscht. Fragt man sich um-gekehrt, was einen Erwachsenen in einer Partnerschaft plötzlich veranlassen würde, Masturbation dem Geschlechtsverkehr mit dem Partner vorzuziehen, so wird man die Ursachen in der Wie-derbelebung früher Kindheitsphantasien suchen müssen, die sich gelegentlich noch bis in die Adoleszenzjahre verfolgen lassen, jedoch bei Konflikten mit dem Partner wieder auftauchen können.

Überhaupt spielt Phantasie, das heißt die mit Liebeserlebnissen und mit sexueller Erregung sich verbindenden Vorstellungen, eine viel größere Rolle sowohl in der Schwierigkeit zu lieben als auch in deren Überwindung. Sicher ist, daß in der Masturbation ein Rückzug auf die Eigenliebe erfolgt, das heißt ein Rückfall auf die Stufe des Körper-Ich, weil im Augenblick der Wachstumsvorgang des reifenden Ich eine Gefühlsstufe nicht bewältigt. Die ironische Definition eines österreichischen Feldhauptmanns an der galizischen Front im Ersten Weltkrieg: »Nun weiß ich nicht mehr, ist meine Frau meine rechte Hand oder meine rechte Hand meine Frau« (zitiert nach Hirschfeld), kennzeichnet die auch in der als Ventil erzwungenen Not-Onanie (Gefängnisse, Schiffsbesatzungen) existierende Verbindung der Phantasie mit einem zuvor realen Sexualpartner. Solche durchaus nicht seltenen Spannungen in einer Liebesbeziehung zu verstehen, die zur Abkehr vom realen Partner und zum nicht notwendigerweise sexuellen, jedoch narzißtischen Rückzug auf sich selbst führen, scheint wichtiger, als sich in falschen Schuldgefühlen zu zerknirschen und anzuklagen, um das tatsächliche Entwicklungsversäumnis, nämlich die nichterfolgte Auseinandersetzung mit kindlichen Überresten in der eigenen Struktur, besser verbergen zu können.

Für den Knaben ist die Frühentwicklung insofern leichter zu bewältigen, als er zwar im späteren Leben die Person seiner ursprünglichen Liebeswünsche wechselt, nicht aber deren Geschlecht. Nichtsdestoweniger sind seine Besitz- und Liebesphantasien keineswegs geringer, sondern führen wegen der leichteren Erregbarkeit zu mehr direkten, wenn auch, vom Kinde aus gesehen, durchaus »unschuldigen« Annäherungsversuchen. Ein Dreieinhalbjähriger, gewöhnt, seine blonde Mutter des öfteren unter der Dusche unbekleidet zu sehen, bricht beim Anblick der Schambehaarung der etwas jüngeren, jedoch schwarzhaarigen Schwester der Mutter im Bad in den erschrockenen Satz aus: »Möönsch, du hast ja ein Fell wie ein Tier, wie eine Katze!« Die Assoziationen der Erwachsenen liegen nahe: im Französischen etwa die Dop-

peldeutigkeit »chat noir«, im Englischen »pussy cat«. »Wissen«
also Kinder bereits aus der Erbmasse, oder ist es umgekehrt, daß
Kindheitseindrücke und -erlebnisse die Bildwelt der Alltags- und
Vulgärsprache treffend prägen?

In diesem freilich oft auch peinvoll eifersüchtigen Kampf um
die Liebe der Mutter ist der Vater – bei jüngeren Geschwistern
sind es je nach der Stellung in der Geschwisterreihe oft die älteren Brüder – der mächtige Rivale (Riese), der zugleich gehaßt
und geliebt wird. Auch hier ist zunächst schwer zu verstehen, daß
eine übermäßige Hinwendung zum Vater oder gar Unterwerfung
(auf die manche Väter ahnungslos narzißtisch stolz sind) leicht
zu späteren Schwierigkeiten in der Liebe führen kann. Fühlt sich
der Knabe etwa vom Vater mehr angezogen und erlebt er die
Mutter als Rivalin – gleiches gilt umgekehrt für Mädchen –, so
gerät er in die Gefahr, die Mutter beim Vater ersetzen oder sogar
als Konkurrentin ausstechen zu wollen. Homosexualität kann –
sie muß nicht – die Folge sein, obwohl diese noch von einer Reihe
anderer Faktoren mitbestimmt wird, allerdings weniger von Anlage oder Hormonfaktoren als neuerdings behauptet wird. In
jedem Falle hat auch der Knabe den Konflikt des Größenunter-
schieds, verbunden mit dem Ohnmachtsgefühl des Versagens,
zu überwinden, der für das Mädchen so beängstigende Zerstö-
rungs-, Zerreißungs- und Vergewaltigungsphantasien auslöst.
Eltern sollten nicht erstaunt sein, wenn Kinder im Alter von drei
bis vier Jahren nachts oder »zu unmöglichen Zeiten« ins elterliche
Schlafzimmer gerannt kommen, um entweder auf der »Bettritze«
zwischen den Eltern schlafen zu wollen oder eine besondere Ver-
günstigung zu erwirken, da sie angeblich sonst nicht schlafen
könnten; auf diese Weise sollen die Eltern voneinander getrennt
werden. Nächtliche Ängste sind meist ein klares Zeichen dafür,
daß sich die Phantasien des Kindes lebhaft damit beschäftigen,
was die Eltern in ihren Betten machen. Gleiches geschieht aber
auch sehr häufig Erwachsenen, wenn sie vorübergehend wegen
Abwesenheit des Partners allein sein müssen, ohne daß dabei
bedacht wird, daß es sich um alte Ängste und Phantasien aus
der Gedächtnis-Bank handelt. Ähnliches gilt für die sogenannten
»Hotel-Ängste«.

Bei dem verborgenen Zorn des Knaben auf den Vater und der Verletzungsangst des Mädchens sind daher Phantasien, daß der Vater der Mutter »etwas antut«, keineswegs selten. Er »tut« ihr ja auch wirklich etwas an, dessen Liebesbedeutung dem Kinde aber verborgen bleibt, bis es eigene sexuelle Regungen entdeckt und erste Ausweichmöglichkeiten frustrierter Liebeswünsche erlernt. Nicht selten haben Schlafstörungen Erwachsener in einer Partnerschaft Ursachen, die keineswegs in Überarbeitung oder »Nervosität« liegen, sondern in der unbewußten Wiederbelebung von Kinderphantasien, -konflikten und -wünschen. Die Vorstellung etwa, daß der vorübergehend abwesende Partner irgendwo mit einem anderen Partner schläft, hat ihren Ursprung in der realen Erfahrung, daß schmerzlicherweise der erste »Liebes«-Partner das wirklich tat, wenn auch völlig legal. Das hebt die Pein des Nichtmiteingeschlossenseins des Kindes nicht auf. Jeder Hundefreund weiß, daß der durchschnittlich freundliche Haushund die Umarmung seiner »Herrschaften« bei Abschied, Begrüßung oder anderer Gelegenheit oft nicht ausstehen kann und entweder dazwischen will, um »auch« gestreichelt zu werden, oder durch Bellen seine Anwesenheit vermeldet, bis ihm Aufmerksamkeit zugewendet wird. Warum sollten Kinder in ihren Gefühlen weniger sensibel sein? Ändern sich aber diese Gefühle im Laufe eines Lebens so grundsätzlich? »Und bei 'nem anderen stehen sehen, ach das tut weh . . .« (schwäbisches Volkslied: »Jetzt gang i ans Brünnele«).

Die Entwicklung der Fähigkeit zu lieben hat eine viel längere Vorgeschichte als die meisten Liebenden annehmen. Weil aber diese Vorgeschichte zunächst stets die Erfahrung der Hindernisse und Konflikte enthält, die aus dem Wunsch zu lieben und geliebt zu werden entstehen können, entwickeln sich Vorsicht, Behutsamkeit und Bedenklichkeit meist in gleichem Maße wie Ungeduld und Rücksichtslosigkeit und Leichtsinn, der schnell ans Ziel will. Das Verhältnis zwischen Durchsetzungskraft der Phantasie und Beachtung der real gegebenen Möglichkeiten bestimmt das Ausmaß des Glücks. Übergroßer Anspruch verringert die Glücksmöglichkeiten. Vergleich der Phantasie mit der Wirklichkeit und Respekt vor den Gegebenheiten der eigenen und der fremden

Wirklichkeit erhöht sie, wenn das Prinzip notwendiger Wandlung im Lebensablauf anerkannt wird.

Streckensignale

Die Strecke zwischen Geburt und Tod ist in ihrem Ablauf nicht umkehrbar. Wir können sie rückwärtig überdenken und fast jede Erinnerung an Vergangenes wachrufen, aber wir müssen vorwärts auf dieser Strecke leben und handeln. Von jeder Handlung und Entscheidung kann viel später Geschehendes abhängig werden. Fast wie beim Schachspiel kann der zwanzigste Zug Konsequenzen im fünfundvierzigsten Zug haben, die wir zwar nachträglich begreifen, jedoch oft vorher nicht genügend überdacht haben. Die Zukunft ist dabei wie ein weißer Wandschirm: Alles läßt sich darauf projizieren, aber was wirklich dahinter ist, wird erst sichtbar, wenn das Streckenband der Zeit weiter abrollt und Neues freigibt. Dennoch bestimmen wir unsere eigene Zukunft mehr als wir wahrhaben wollen. Es gibt eine Reihe von Signalen auf der Strecke, die uns anzeigen, was bevorsteht. Manche dieser Signale stehen auf Grün, freie Fahrt, andere gelegentlich auf Rot. Es würde in der Wirklichkeit niemandem einfallen, an einem Signalmast hochzuklettern, um das rote Warnlicht mit grüner Farbe zu übertünchen und dann getrost weiterzufahren. Dennoch versuchen wir häufig, solche Warn- und Haltsignale im Leben zu überfahren. Die Katastrophe ist genauso gewiß, wie sie für jedes Verkehrsmittel in diesem Falle eintreten würde.

In einem anderen Bilde: Es mag Augenblicke geben, in denen wir unter dem Zeitdruck eintreffender Gäste einen soeben aufgetretenen, unerklärlichen Fleck an der Wand schnell verstellen, verhängen oder ein Stück Tapete darüberkleben. Wiederum würde es jedoch niemandem einfallen, zu glauben, der plötzlich in der Wand aufgetretene Fleck lasse sich durch diese

Tarnung für immer beseitigen, schon gar nicht, wenn er kurz nach dem Weggang der Gäste frisch und größer wieder auftaucht. Es mag unangenehm, kostspielig und ärgerlich sein, die Wand aufstemmen zu müssen, die Ursache zu suchen und abzustellen, vielleicht in einer lang dauernden Reparatur mit dem Ersatz eines ganzen Leitungsstückes. Bei einem lebensbedrohenden Herzversagen würden wir keine Sekunde zögern, in offener Herzchirurgie ein Plastikrohr einzusetzen, wenn diese Operation das Leben rettet. Anders handeln wir jedoch, wenn solche Signale auf der mehr unbestimmten seelischen Ebene auftreten, wo die Flecken in der Wand nicht ganz so deutlich erkennbar zu sein scheinen.

Seelisches wird auch heute oft noch nach der altpreußischen Militärregel behandelt, daß man erst wirklich krank sei, wenn man den Kopf unter dem Arm habe. Und doch beginnen fast alle Krankheiten zuerst leise, unauffällig, als unbeachtete Verstimmung, Nervosität, vorübergehende Gereiztheit, Schlaflosigkeit, Übermüdung, Unwohlsein und unerklärbares Sichunglücklichfühlen. Als vor zwanzig Jahren mein Kollege Hutschnecker eine Serie in einem deutschen Illustriertenmagazin unter dem Titel veröffentlichte »Ohne Liebe wirst du krank«, erschien das der offiziellen Medizin unsolide und sensationsheischend. Er beschrieb Ehe- und Liebeskonflikte, die damit verbundenen seelischen Spannungen und deren Auswirkungen in körperlichen Symptomen. Flanders Dunbar schrieb ihr Buch »Deine Seele – Dein Körper« ebenfalls vor mehr als zwanzig Jahren. Viel weiter zurück, um 1870, liegt die exakte Beobachtung des englischen Arztes Beaumont, der in Kanada einen Jäger beschrieb, dem ein Geschoß den Magen durchlöchert hatte. Er hatte trotz fehlender ärztlicher Hilfe überlebt – es gab weder Flugzeuge noch Autos im kanadischen Winter dieser Zeit –, aber es hatte sich eine Magenöffnung (Fistel) gebildet, die einen Teil der Magenschleimhaut von außen sichtbar machte. Dr. Beaumont beobachtete, wie sich die Durchblutung der Magenschleimhaut mit den wechselnden Gefühlen des Jägers veränderte. Sie war blaß, wenn er verärgert und grimmig oder erregt war, sie wurde rot, wenn er vergnügt und guter Laune im Gespräch mit Freunden saß. So lange existiert die Einsicht in ein Gebiet, das wir heute psychosomatische Medizin nennen. Bis heute jedoch scheint es einfacher, Krankheitserscheinungen als einen Vorgang zu betrachten, der *an* einem Menschen auftritt, gleichsam ohne Zusammenhang mit seiner Person, seiner Lebensgeschichte und der besonderen Art seiner Erlebnisweise. Gewiß sind wir ein Stück weiter als zu Beaumonts Zeiten. Dennoch gehen Wissen und Einsichten früherer Epochen immer wieder unter dem Eindruck von Neuem, scheinbar Fortschrittlichem verloren.

Jeder Frauenarzt und die meisten praktischen Ärzte wissen, daß bestimmte Krankheitserscheinungen lediglich Funktionsstörungen sind, die in bestimmten Organbereichen auftreten, jedoch auch bei genauester Untersuchung keine zu objektivierenden Krankheitsbefunde ergeben. Die Untersuchung zentriert sich dabei allerdings hauptsächlich auf die körperlichen Funktionen. Nehmen wir ein keineswegs seltenes Symptom, das eine Liebesbeziehung empfindlich stören kann: die sexuelle Gefühlskälte der Frau (Frigidität). Eine Partnerbeziehung ist durchaus möglich, aber die Partnerin empfindet nichts dabei, sie erreicht keine sexuelle Erregung und keinen Höhepunkt (Anorgasmie). Jede gewissenhafte Untersuchung zeigt normale Befunde. Natürlich findet sich auch nichts am Geschlechtsorgan. Hormongaben steigern zwar die Nervosität, führen aber nicht zu einer Veränderung. Wir wissen seit Freud, daß die Ursache seelischer Art ist. Sie besteht keineswegs, wie oft angenommen wird, nur in einer unbewußten Ablehnung des Partners. Vielmehr ist dieses Symptom nicht anders »konstruiert« als viele andere körperliche Symptome aus seelischer Ursache, und es gibt einige Hundert Möglichkeiten. Solche Symptome sind die geniale unbewußte Lösung eines unlösbar erscheinenden seelischen Konflikts, der auf die körperlichen Funktionen von Organen verschoben wird, in diesem Falle klar auf das Geschlechtsorgan der Frau. Der Konflikt besteht zwischen einem Wunsch und einem Verbot. Würde der Wunsch erfüllt, so müßte eine ständige Wiedergutmachung erfolgen, da ein mächtiges inneres Verbot verletzt wurde. Würde die Verbotsregel voll eingehalten, so entstünde ein unerträglicher Zustand, da das Leben ohne jegliche Befriedigung nicht mehr

lebenswert erscheint. In diesem Falle würde das Verbot lauten:
Du darfst keinen Geschlechtsverkehr haben, denn das bedeutet
die Erfüllung deiner Phantasie einer sexuellen Vereinigung mit
dem geliebten Vater. Der Wunsch lautet dementsprechend: Ich
möchte Sexualität erfahren dürfen, aber meine Liebesphantasien
sind an meinen Vater gebunden. Was immer auch das Entste-
hungsmotiv für diesen Konflikt sein mag, unbewußte Rivalität mit
der Mutter oder Schwester oder eine unbewußte Verführungs-
haltung des Vaters – ein solcher Konflikt erscheint unlösbar,
solange die Phantasie an diesen natürlich unbewußten und völlig
verdrängten Inhalt gebunden ist. Das Symptom Gefühlskälte stellt
einen Kompromiß dar: ein Teil des Wunsches wird erfüllt, der
Geschlechtsverkehr findet statt und wird zugelassen, aber es darf
dabei nichts empfunden werden, so daß gleichzeitig auch dem
Verbot Genüge getan wird. Die Heilung kann nur darin bestehen,
daß der wirkliche »vergessene« Inhalt des Konfliktes, der unter
der Oberfläche liegt, zutage gefördert und voll bewußt wird, nämlich die geheime inzestuöse Bedeutung jeder Liebesvereinigung
mit einem Partner. Gemessen an vielen anderen, viel unauffäl-
ligeren Signalen, ist dies ein relativ grobes, offenes Beispiel,
dessen Zusammenhänge so oft in Behandlungen aufgedeckt und
bewußt erlebbar gemacht wurden, daß man fast annehmen müßte,
es gäbe ein solches Symptom kaum noch. Dennoch ist es eher
im Zunehmen begriffen, ähnlich wie das entsprechende männliche Symptom: sexuelle Impotenz aus seelischer Ursache bei
körperlich gesunden jungen Männern.

Dies scheint, ebenso wie andere körperliche Funktionsstörungen und Symptome, seinen Grund in der größeren Verborgenheit der zugrundeliegenden psychosozialen Ursachen zu haben.
In Ergänzung zu den Anfängen der Psychologie und der Tiefen-
psychologie können wir heute nicht mehr annehmen, daß Beziehungsstörungen allein durch die Besonderheiten des einzelnen
bedingt sind. Freilich spielen die Einflüsse seiner »Sozialisierung«
eine bedeutsame Rolle: Die Art und Weise, wie jeder in seiner
Umgebung lernt, mit seinen ursprünglichen Triebimpulsen umzugehen, wie sie im Raum der Familie gezähmt, behindert, eingeschüchtert, gefördert, gelenkt, zu Umwegen veranlaßt werden

oder durch Unterdrückungszwang abgekapselt, primitiv und un-
entwickelt bleiben, bestimmt nach wie vor eine Prägung, die
später im Leben nachweisbare Auswirkungen im Umgang mit
sich selbst und jedem Partner hat. Auch die meisten Irrtümer
über sich selbst und den Partner entstehen aus solchen Erfahrungen, weil übersehen wird, daß beide Partner aus weitgehend
fremden Welten, das heißt aus zwei Familien stammen, die in
wichtigen Erlebnisformen und Verhaltensweisen völlig verschiedene Erfahrungen vermittelt haben. Nur aus einer kindlichen
Weltvorstellung ist es möglich, anzunehmen, die Psychologie des
Partners müsse stets die gleiche oder zumindest eine ähnliche
sein wie die eigene. Das Gegenteil ist häufiger, und gerade dieses Anderssein des Partners kann zum störenden Element werden, wenn man zuvor glaubte, es beiseite schieben zu können.

Fragen wir uns, warum bestimmte Partner einander suchen
und finden, so ergibt sich bei oberflächlicher Betrachtung zunächst als Motiv harmonische Übereinstimmung, die in bestimmten Bereichen auf Ähnlichkeit oder Gleichheit des Erlebens
beruht, in anderer Beziehung jedoch auf einer Art Ergänzung
durch Verschiedenheit. Genauere Betrachtung würde jedoch ent-
hüllen, daß beide Partner meist ein gleichartiges unbewußtes
Problem haben, nämlich eine unbewußte Erwartung, die aus früheren psychosozialen Erfahrungen stammt, aber bislang unerfüllt
und gleichsam unerledigt geblieben ist. Es gibt den witzigen Ausspruch: »Die Flitterwochen sind vorbei, nun sollten wir an die Ehe
denken!«, der ein Stück Realität einführt und vor Ent-Täuschung
warnt. Die »Täuschung«, die zuvor herrschte, besteht darin, daß
oft Verliebtheit, in die ein gut Teil Triebbedrängnis mit einfließt,
die Wirklichkeit ausblendet, während Liebe, entgegen dem falschen Spruch »Liebe macht blind«, sehend macht. Psychosoziale
Einflüsse stammen aber eben nicht nur aus dem Leben und der
Erfahrung des einzelnen. Es wäre daher auch falsch, die als
Warnsignale mitunter sehr früh auftretenden Beziehungsstörungen zwischen vermeintlichen Liebespartnern einem Teil allein
aufzubürden. Vielmehr handelt es sich in jeder Partnerschaft –
auch wenn sie keine Dauer haben sollte – um ein ganz bestimmtes Partnergefüge, eine Konstellation gleichsam wie bei Planeten,

in der beide Teile bestimmte Erfahrungen und Erwartungen aufeinander übertragen. Die sozio-kulturellen Einflüsse, bestimmte
Wertvorstellungen, soziale Rollenstereotypien, auch die jeweiligen ökonomischen und politischen Bedingungen, gestützt auf die
verschiedensten Ideologien, prägen diese Erwartungen und Erfahrungen in um so stärkerem Maße, je mehr der kollektiv-histo-
rische Hintergrund einen rapiden Wechsel, Verfall oder die Um-
kehrung zuvor gültiger Werte aufzuweisen hat. Das Ergebnis
eines Krieges zum Beispiel wird im Lande der »Sieger« einen
anderen Niederschlag finden als bei den »Besiegten«, was keineswegs ohne Einfluß auf die Bedeutung und den Verlauf indivi-
dueller Partnerschaften bleibt. Relativierung der menschlichen
Existenz, ihr Mißbrauch zu Zwecken der Zerstörung, Gewalt, Tod
und Zwang zu aggressiven, zerstörerischen Akten haben eine
doppelte Auswirkung: einerseits die erhöhte Sehnsucht nach
Frieden, Idylle, Zurückgezogenheit, Zuverlässigkeit und Dauer
einer Bindung sowie Idealisierung der Beziehung aus der Ferne
auf Grund des Mangels realer Erfahrungsmöglichkeiten während
langer Trennungszeiten; andererseits werden aber im Augenblick
einer Enttäuschung oder vorübergehenden Frustration durch zuvor nicht wahrgenommene Verhaltensweisen und Einstellungen
des Partners jene gewaltsamen Impulse und Ängste geweckt,
die zuvor in der Zeit der Entbehrung erlebt und etwa in der Gewaltsamkeit des Krieges und dem damit verbundenen Wertverlust
erfahren wurden. Der verbitterte Ausspruch mancher Veteranen
nach beiden Weltkriegen: »Es wäre besser gewesen, wenn ich
wie die anderen da draußen verreckt wäre«, kann sein Gegenstück in der geheimen, aber gleichartigen Phantasie der Ehefrau
haben: »Als Witwe hätte ich vielleicht doch noch eine bessere
Chance mit einem umgänglicheren Mann haben können.«
      Diese inneren Selbstgespräche bleiben aber meist verbor-
gen, und es bedarf durchaus nicht nur der zuvor erlebten, alle
Werte zerstörenden Erfahrungen eines Krieges, um bei solchen
Gedanken anzulangen. Vielmehr ist den meisten Menschen nicht
bewußt, daß solche geheimen, keineswegs seltenen und in Karikaturen des »Schwarzen Humors« offen dargestellten Todeswünsche eine viel ältere Vorgeschichte haben. Kleine Kinder, die

sich in der sofortigen Erfüllung ihrer Triebwünsche durch die Eltern behindert oder unterdrückt fühlen, wünschen sich diese Eltern »weg«, ohne zu wissen, daß »Wegsein« gleichbedeutend mit Tod ist. Oder in etwas späterem Alter phantasieren sie ihre weinenden Eltern am eigenen Sarg oder Grabe mit dem tröstenden Gefühl der Rache: »Jetzt erst werdet ihr merken, was ihr an mir verloren habt, wenn es zu spät ist.« Auch sind solche Rachephantasien in Selbstmordgedanken nicht selten bei enttäuschten Erwachsenen in Partnerstreitigkeiten. Der Selbstmord hat dabei die Absicht, den Partner »treffen« zu wollen. Was dabei nicht bewußt wird, ist die kindliche Ursprungsquelle solcher Selbstzerstörungswünsche.

Nun bleiben diese Inhalte meist völlig verdrängt. Sie sind vom Bewußtsein ausgeschlossen, weil ihr Ursprung so weit zurückliegt. Die Ursache wird vielmehr im Verhalten des Partners gesehen, ohne zu bemerken wie sehr dieser Partner in die Rolle eines Elternteils gerückt wurde, an dem sich das gleiche Problem wiederholt, das noch nicht bewältigt ist. Erst daraus würde sich erklären, warum wir bestimmte Vor-Lieben und Vor-Urteile so hartnäckig aufrechtzuerhalten suchen und deren Befriedigung vom Partner verlangen oder aber sie beim Partner bestätigt sehen. Dann würde ersichtlich, daß meist beide Partner das gleiche Problem mitbringen, an dessen Lösung sie gemeinsam arbeiten könnten, wenn ihnen der innere Zusammenhang bewußt würde. Oft dagegen bemerkt der Mann zum Beispiel nicht, in welchem Ausmaß er von der Frau die Erfüllung all jener Wünsche erwartet, die ihm von der Mutter entweder verweigert oder in einem ungesunden Übermaß als Verwöhnung gewährt wurden. Noch weniger wird Frauen bewußt, daß sie vom Mann gleichsam die »gute« Mutter erwarten, weil sie den Augenschein des realen Geschlechtsunterschiedes überbewerten, während sie seelisch in Wirklichkeit vom Manne genau wie er eben die Erfüllung jener Befriedigung erwarten, die die Mutter in ihrer subjektiven Erinnerung verweigerte. Es scheint daher mitunter so, als präsentiere jeder Partner unbewußt dem anderen ein längst abgewertetes Sparbuch der Kindheit und erwarte von ihm die Auszahlung des darin enthaltenen, jedoch verfallenen Kapitals. Wird diese ver-

gebliche und unrealistische Hoffnung enttäuscht, so erscheint der
andere so lange als »böse«, bis begriffen wird, daß Liebe und
ihr Vertrag nicht nur im Nehmen und Empfangen besteht, sondern
auch im Geben und Verzichten. Natürlich würde im Rahmen des
wirtschaftlich-ökonomischen Denkens im Materialismus jeder für
verrückt erklärt, der empfehlen würde, anstelle eines Ersatz-
anspruches für verlorene Tausende von Mark das Doppelte freiwillig an andere herzuschenken. Im Erlernen der Liebe ist dies
aber tatsächlich der wichtigste Schritt, wobei hinzukommt, daß
zunächst häufig daraus keine Gegenleistung entsteht, die zudem
in keinem Falle gefordert werden kann.

Man kann sich nun durchaus ein Gefüge denken, in dem ein
Partner diesen Zusammenhang begreift und durch Änderung des
eigenen Handelns und Verhaltens den anderen zu einem Wandlungsprozeß ermutigen möchte, während der andere, in Fortsetzung früherer Verwöhnungsansprüche, alles Gegebene als
selbstverständlich hinnimmt, ohne seinerseits die geringste
Bereitschaft zum Geben zu zeigen, oder sogar seine Ansprüche
fortlaufend erhöht. Ein solches Ergebnis vermittelt ein klares
Warnsignal, das nicht Nachsicht, sondern Konfrontation notwendig macht, sofern Liebe Wirklichkeit werden soll. Es ist ihre Aufgabe, sehend zu machen. Freilich nicht in Vorwürfen oder Ankla-
gen, sondern in der Fragestellung, woher eine solche Entwicklung
des Partnergefüges kommen mag. Die Fähigkeit zu lieben entwickelt sich niemals ohne Einsicht in eigenes Fehlverhalten. Sie
hat weder Bestand noch Entwicklungsmöglichkeiten durch einseitige Verteilung der Lasten. Im Gegenteil, ein heroischer Verzicht aus scheinbarer Liebe würde den gebenden und den nehmenden Teil in eine doppelte Falle bringen, die zur Sackgasse
für die Partnerschaft werden und zu ihrem Abbruch führen kann.
Er oder sie würde dabei in die Gefahr geraten, als Gebender nicht
zu bemerken, in welchem Ausmaß Befriedigung aus dem Leiden
als scheinbar Unterdrückter gezogen wird, während zugleich die
Selbstliebe, gleichsam im geheimen doch der bessere, weil auf-
opferungswilligere Mensch zu sein, so sehr triumphiert, daß die
Bedeutung des Partners nur noch Mittel zur Bestätigung dieser
verborgenen Selbstliebe wird. Dem Nehmenden in einem solchen

Beziehungsgefüge, dem im Irrtum des Verwöhnungsanspruches verbleibenden Partner werden jedoch auch nicht nur Entwicklungsmöglichkeiten zu größerer Reifung abgeschnitten, sondern er gerät in die umgekehrte Gefahr, sich durch seine überhöhten Ansprüche und deren klaglose Erfüllung durch den anderen als etwas Besonderes, gleichsam als Star, zu betrachten, dabei seine Bedeutungen und Möglichkeiten zu überschätzen und damit in anderen sozialen Situationen an seinem verborgenen Größenwahn und seinem Beherrschungsanspruch, der ihn in Konflikt mit anderen Menschen bringt, zu scheitern.

Es gibt unendlich viele Variationen solcher Beziehungsdynamik in den eigenartigsten Partnerschaftsformen, von denen wir in anderem Zusammenhang mehrere Beispiele genauer studieren müssen, um zu verstehen, in welchem Ausmaß das ursprüngliche Ziel einer Partnerschaft, aus Irrtümern, Täuschungen und Selbsttäuschungen Liebe allmählich zu erlernen, oft hartnäckig vermieden wird. Das geschieht niemals ohne einen Preis. Die meisten sozialen, neurotischen und viele psychosomatische Symptome beruhen auf der beharrlichen Verweigerung dieses Lernprozesses aus Angst vor Liebesverlust. Die Paradoxie besteht darin, daß sich diese Symptome um so mehr verstärken, je intensiver Liebe vermieden oder ein Fluchtweg eingeschlagen wird. Obwohl die Korrekturmöglichkeiten gerade im Zusammenleben mit dem Partner bestehen würden, entwickelt sich oft eine Art lauernde Wartestellung, als müsse jeweils der andere beginnen und genügend Beweise erbringen, die dann vielleicht zum Erwägen eigener Änderungsmöglichkeiten führen könnten. Es scheint wie das Kinderspiel »Hannemann, geh du voran, du hast die dicksten Stiefel an«. Die Vor-Stellungen über die Liebe verstellen dabei den Blick für ihre Wirklichkeit. Und hier trägt die Verlogenheit, das Unechte der Illusionsmache in der vergangenen Epoche des »Happy-End« als sozio-kultureller Einfluß genauso zu bestimmten Überzeugungen, Klischees und irrlichternden Nachahmungen bei wie etwa die späteren Phasen der »Jeunesse triste«, der sexual besessenen Weltrevolutionäre und mancher anderer modischer Einseitigkeiten, mit deren Hilfe die tatsächliche Lernaufgabe umgangen werden soll. Soziale Umstände, politische Systeme und Wertvorstellungen werden zum Sündenbock erklärt, um nur die Fluchtwege vor der Konfrontation mit eigenem Verhalten zu rechtfertigen. Die »Scheißeltern«, die Schule, die Kirchen und schließlich alle um liebende Hilfe für den Menschen bemühten Berufe werden beschuldigt, angeprangert, verdächtigt und wenn möglich mit Verfolgung und Terror bedroht, um jenen entscheidenden Schritt zu vermeiden, der, bis zur Unkenntnis entstellt, Ursprung einer Kultur war, die das Gebot der Liebe begründete, nämlich *Liebe zu erlernen.* Diese Einflüsse erschweren, überlagern und überdecken die gegebenen Möglichkeiten eines Lernprozesses. Zwar ist viel von Lernprozessen und Lernzielen wie etwa Solidarität die Rede, das Handeln beginnt jedoch stets dort, wo der Nächste zum Prüfstein für Echtheit und Wirklichkeit der Liebe wird, in der Intimität.

Es ist kein Zufall, daß neurotische und funktionelle Erkrankungen genauso wie seelische Beziehungsstörungen zunehmen, denn im gleichen Ausmaß, in dem sozio-kulturelle Wertvorstellungen (oder Pseudowerte) das Verhalten großer Gruppen bestimmen, geht von solchem konkreten Verhalten eine Rückkoppelungswirkung aus, die im einzelnen die falsche Überzeugung bestärkt: »Ich wäre ein Narr, wenn ich es nicht genauso wie alle anderen machen würde, denn jeder tut es.« Wenn die Gier, die ständige Angst, zu kurz zu kommen, aus einer nicht mehr eingestandenen Überansprüchlichkeit verborgener Größenideen das Handeln zu lenken beginnt, so wird die Nächstenliebe mehr und mehr von der Eigenliebe verdrängt, die ein vergeblicher Versuch ist, den mühsameren Weg der Liebe abzukürzen. Wenn dieser zunächst bequemer aussehende Abkürzungsweg sich dann als Sackgasse erweist, so erscheint der doppelte Weg der notwendigen Umkehr als zusätzliche Frustration. Trotzige Verweigerung dieser Umkehr und Auf-der-Strecke-Bleiben sind die Erscheinungen des Tages. Was heute unter dem Begriff Liebe ausgebeutet, verkauft und mißbraucht wird, widerspricht ihrem Ziel in einem Ausmaß, das sich in anderen Epochen in dieser Kälte kaum findet. Es entspricht auch dem Stadium des Säuglings, der völlig unschuldig den unkontrollierten, polymorph perversen Triebimpulsen der ersten Entwicklungsphase folgt. Die

Bezeichnung »polymorph pervers« ist ein Fachausdruck für die unbegrenzten, »unschuldigen« Möglichkeiten des Säuglings und Kleinkindes, sexuelle Teiltriebe (Freßlust, Schmutzlust, Schaulust, Zeigelust, Schmerzlust, Grausamkeit usw.) aktiv und passiv in jeder Mischung befriedigen zu wollen und zu können. Überlassen sich Erwachsene solchen Strebungen, so ist der Preis jedoch keineswegs nur die wachsende Unzufriedenheit, aus der immer neue Forderungen entstehen, sondern auch ein immer größer werdendes Schuldgefühl, das die Gewaltsamkeit in der Durchsetzung scheinbar rationaler Machtziele verursacht – in Ehen, Familien, Gesellschaften und Völkern.

Anstatt am anderen zu lernen und die Herausforderung zu weiterer Entwicklung anzunehmen, neigen viele Menschen dazu, den falschen Propheten zu folgen, um in der Scheinfreiheit kommerzialisierter Sexualität schließlich sich unglücklicher und unfreier zu fühlen als unter den angeblich »repressiven« Grenzen, die sie ihren eigenen infantilen Triebbedürfnissen zuvor im Lernprozeß der Liebe auferlegten. Nun wird man nicht behaupten können, daß die Entpersönlichung einer intimen Beziehung – der vorübergehende Gebrauch eines gerade willig zur Verfügung stehenden »bodys« – zur Liebesbeglückung führen würde. Vielmehr handelt es sich um eine Primitivisierung der möglichen Beziehungen durch Benutzung von sexuellen Ventilen zur Befriedigung von Macht- und Herrschaftsbedürfnissen. Sexualität alias Liebe wird zum käuflichen Artikel, mit dessen Hilfe man sich eines anderen bemächtigen kann. Die Phantasien sexueller Gewalttäter legen ein deutliches, extremes Zeugnis davon ab, in welchem Ausmaß der Täter im Vergewaltigungsakt Gefangener seiner Sexualphantasie bleibt, der die Realität seines Opfers verleugnen muß, um den Ursprung seiner Phantasie in der Kindheit aufrechterhalten zu können. Zwar verabscheuen wir diese kriminelle Handlung, prüfen jedoch zu wenig, wie häufig in Partnerschaften die Phantasie als »Vor-Stellung« die Wirklichkeit des Beziehungspartners verdecken soll, um die Wahrnehmung seiner Realität zu verhindern. Das bleibt nicht ohne Folgen.

Selbsttäuschungen

»Ein guter Mensch in seinem dunklen Drange ist sich des rechten Weges stets bewußt«, heißt es in Goethes Faust. Was aber ist der rechte Weg? Von der Kuriosität politisch-sozialer Stereotypien der Moderne mit den Klassifikationen »rechts« und »links« hier abgesehen (die Lokalisation ist älter als das parlamentarische System) – wird sich auch heute, bei aller scheinbaren Umwertung der Werte, nicht verleugnen lassen, daß die heterosexuelle Zweierbeziehung nicht nur die Bedeutung romantischer Liebe beibehält (die allerdings eher ein Hindernis für den Lernvorgang Liebe sein kann), sondern trotz der Sorge vor der Überbevölkerung die Möglichkeit der Zeugung beinhaltet, vor allem auch die einer gegenseitigen Entwicklung und Reifung in einer Partnerschaft.

Die Entdeckung der Schwangerschaftsverhütung durch medikamentöse Beeinflussung des weiblichen Monatszyklus fordert eine Bewältigung der Verantwortlichkeit für die seelischen Konsequenzen einer Partnerschaft, die keineswegs erreicht ist. Die trotz aller möglichen Nebenwirkungen solcher künstlich medizinischen Regelungen im Leben der Frau denkbare größere Intensität einer Liebesbeziehung und ihre daraus entstehende Reifungsmöglichkeit wurde nicht vollzogen. Vielmehr hat diese Entdeckung wie viele andere technische Neuerungen zunächst zu einer Art kindlich naiven Erprobens einer neuen Freiheit geführt, die sich als Scheinfreiheit erweist, da sie an der Notwendigkeit des Erlernens einer größeren Verantwortung kaum etwas änderte. Im Gegenteil, die Scheinfreiheit hat eher zu Täuschungen und folgerichtig zu Enttäuschungen geführt, da es mit dem sexuellen Akt alleine keineswegs getan ist. Um es klar in der drastischen Vulgärsprache auszudrücken: »Vögeln kann jeder« – das unterscheidet ihn in keiner Weise von dem zyklischen Begattungsdrang anderer Säugetiere. Verlangt wird jedoch mehr als Beischlaffähigkeit, nämlich die Fähigkeit zur Konstanz, zur Wandlung und Förderung gegenseitiger Entwicklung. Dies kann nur erlernt werden, wenn sich jeder zuvor der Schwierigkeit zu lieben ehrlich bewußt wird. Die Zerstückung des Lebens in eine wahllose Reihe von verschiedensten Episoden, Eskapaden und »Liebes«-Erlebnissen zerstört die Verbindung von historischer und aktueller Identität des einzelnen um so mehr, als alle apersonalen Erlebnisse nur Spuren des Überdrusses und der Unerfülltheit hinterlassen, wiewohl der momentane sexuelle Triebdrang Entlastung gefunden haben mag. Das Fehlen eines bedeutsamen anderen, seine beliebige Auswechselbarkeit als Sexual-»Objekt« zerstückelt gleichzeitig die eigene Identität, fasert sie auf in eine Reihe beziehungsloser Selbstbilder, die nicht mehr in Zusammenhang gebracht werden können. Es ist daher höchst fraglich, ob sexuelle Libertinage, die mit Liebe kaum etwas zu tun hat, zu größerer erotischer Freiheit beiträgt oder aber die Schwierigkeit zu lieben in Wirklichkeit verstärkt.

Letztlich ist der Triumph sexueller Eroberung nur eine narzißtische Befriedigung – oft genug, kraß ausgedrückt, Masturbation mit Hilfe eines fremden Sexualorgans –, die nicht nur Bindungsvalenzen leer läßt, sondern auch die Rückbindung an die eigene Identität und den Sinn der eigenen Existenz (re-ligio) immer wieder unterbricht und zerstört. Dieser Hunger, sich selbst in vermeintlichen Abenteuern immer wieder neu erfahren zu wollen, weist auf einen Fluchtweg, in dem die schwere existentielle Aufgabe der Selbstbemeisterung und Selbsterkenntnis vermieden wird. In Wirklichkeit wird nur etwas wiederholt, was zur zwanghaften Vorstellung wurde. Die Zunahme der Süchte aller Art – keineswegs nur Drogen und Alkohol, sondern auch der sexuellen Perversionssüchte – deutet darauf hin, daß Verantwortung für den eigenen Entwicklungsprozeß genauso abgewiesen wird wie Verantwortung für den »Gebrauchs«-Partner. Es ist der Mangel an Liebesbereitschaft aus Angst vor Forderung und Enttäuschung, der die Grundlage all dieser Süchte bildet. Wiederum ist es jedoch nicht die Versagung und die vielzitierte Frustration, sondern die Unfähigkeit, Frustration auszuhalten, auf Grund überhöhter Verwöhnungsansprüche und -erwartungen, von denen die Tendenz zu jeder Sucht ausgeht. Die »infantile Fixierung«, die den Hauptgrund für Schwierigkeiten in der Liebe und Ehe dar-

stellt, die Verweigerung ihrer Überwindung durch Einsicht und die
Ablehnung des Lebens als eines notwendigen Entwicklungsprin-
zips verursachen den Verfall in kollektive Sucht, im Extrem in die
Selbstzerstörung als Trotz gegen eine Welt, die vorgibt, die Macht
eines Schöpfers nachahmen zu können, damit aber den einzelnen um so mehr der Ohnmacht seiner Geschöpflichkeit auslie-
fert, in der er sich dann »impotent« fühlt.

Der Einfluß des Sozialfeldes mit einer rapiden Zunahme
neuer Informationen, durch die das Allmachtsgefühl der Gott-
ähnlichkeit genährt wird: Atomexplosionen, Millionentötung, Eroberung des Mondes und des Weltalls, künstliche Befruchtung
und Zeugung, Organtransplantation als Lebensverlängerung und
viele andere, das persönliche Machtgefühl steigernde Mittel der
psychologisch noch so völlig unbewältigten technischen Welt,
die uns mehr im Sinne eines »Happenings« überwältigt hat – all
das bewirkt die Überansprüchlichkeit der Erwartungen, in denen
der einzelne sich ohne Rücksicht auf seine gegebene Wirklichkeit als ein Besonderer, Auserwählter sehen und noch allmäch-
tiger sein möchte als alle anderen. Dieser Beitrag zur Verstär-
kung der Eigenliebe – als Anspruch falscher narzißtischer Selbst-
verwirklichung allenthalben in größenwahnsinnigen Ideen, Taten
und Terrorakten zum Symptom unbewältigter Sozialisierung von
Triebansprüchen geworden – macht es für die Paarbildung zweier
Menschen schwer, jene Orientierung zu behalten, die letztlich im
Lebenslauf gemeint ist: mit dem eigenen Leben Antwort zu geben auf jene Angebote zur Selbstwerdung, die nicht durch Knopfdruck, Erhöhung der Lautstärke oder bewaffnete Revolution mit
Tötung aller vermeintlichen Widersacher erreichbar ist.

Wir lassen uns blenden von der Fülle der Bilder, in denen
die Liebe immer mehr verzerrt wird, ähnlich wie in manchen modernen Gemälden, die diesen inneren Vorgang nur widerspiegeln. Wir werden verführt vom billigen Jakob der leicht zugäng-
lichen industrialisierten Sexualität, von Fluchtwegen in Massage
als Entspannung, bequemer als Liebe, von Macht und Zerstö-
rungsträumen, von der Rivalität, Konkurrenz und dem mörderi-
schen Kampf, die als Tugend der Industriegesellschaft gelten –
nur weil die Schwierigkeit zu lieben uns viel größere Mühen auf-

erlegen würde, denen wir zu entrinnen suchen. Wir wissen es; aber wer wollte nicht fliehen, wenn alle sich bereits auf gemeinsamer Flucht befinden?

Die dahinterstehende Angst wird jedoch zum Symptom der Paarbeziehung. Es ist wiederum kein Zufall, daß die Bemühung, die Sicherheit tragfähiger Partnerschaften durch Eingliederung in ein anonymes Kollektiv zu relativieren oder sogar bewußt zu zerstören, so intensiv unter dem Vorwand politischer Motive zunimmt. Eben weil die Paarbeziehung der Liebe gegen Masseninfektion und Massendenken immunisiert, worauf Freud sehr früh hinwies, ist sie ein gefährlicher Widerstandskern für alle Massenbewegungen, die sich bewußt und gezielt der kollektiven Unbewußtheit manipulierter Triebbedürfnisse bedienen. Viele Volksmythen und -lieder der verschiedensten Kulturen beschreiben die unüberwindbare, unbesiegbare Liebe eines Paares über Zeit, Raum und Tod hinaus, weil dieser Inhalt die Sehnsucht der Gesamtheit aller in der jeweiligen Kultur lebenden Menschen darstellt. Man kann umgekehrt von diesen bleibenden Mythologien der jeweiligen Kultur rückschließen, welches Idealbild ersehnt und angestrebt wird, wieweit die Liebeskultur gediehen ist oder zugunsten primitiverer Strebungen zurückgestellt wird. Es ist ein Zeichen vieler revolutionär-destruktiver Bewegungen, daß sie weder ein wirkliches Zukunftsbild noch das Gefühlsmotiv eines Paares enthalten. Sie beschränken sich dagegen auf einen einzigen überidealisierten »Helden«, der ohne Rücksicht auf seine tatsächlichen, realen Motive zum Symbol der viel später sich entwickelnden Regeln der jeweiligen Gruppe wird, wobei seine Wirklichkeit durch Idealisierung entstellt wird.

Weil es so unendlich schwierig ist, wirklich zu lieben, verstellen wir uns den Blick für die Wirklichkeit mit vielerlei Vorstellungen, die die Liebe im Grunde verhindern sollen. Die Überidealisierung der Liebe ist ihr größtes Hindernis. Es scheint, als wollten wir sie mit unseren Vorstellungen zugleich herbeizaubern und verhindern, so als versuchten wir uns damit zu trösten, daß sie zwar ein Ziel sei, das wir aufs innigste wünschen, zugleich aber bezweifeln, daß wir es je erreichen können, weil es so unwirklich ist. Zu dieser Verleugnung nehmen wir Zuflucht, wenn wir der Liebe dort im Alltag begegnen, wo sie nicht nur ganz real ist, sondern auch gelebt werden könnte, sofern wir die Überidealisierung aufgeben und erste Schritte zu ihrer konkreten Verwirklichung im Hier und Jetzt unternehmen würden. Die allgemeine »Ungläubigkeit« und Verleugnungstendenz dieser Epoche ist bisher in keinem anderen Symptom so deutlich zum Ausdruck gekommen wie in dem Slogan: »Das darf doch nicht wahr sein!« Ihm folgte ein anderer Werbespruch, dessen verborgene Aufforderung zur Unzufriedenheit kein Zufall ist: »Lieber öfter mal was Neues!« Schließlich besiegelt der Wahlspruch »Keine Experimente – Sicherheit für alle« die Grundauffassung, daß Leben kein Wagnis mehr sein soll, in dem jeder sich selbst einsetzen und geben müßte, um Neues zu erfahren. Die Sackgasse ist erreicht im Slogan: »Weißer geht es nicht mehr!« Eine mechanische Produktionswelt wird Liebe nur entweder als Leistung oder als Konsumartikel anerkennen können. Dort sind wir angekommen, ohne daß die Angst vor Liebesverlust geringer geworden wäre. Sie bestimmt die Gier, solange die Menschen »haben« möchten, ohne die Bereitschaft zu »geben« entwickeln zu können. Das Scheitern der Zweierbeziehung an der Schwierigkeit zu lieben wird so lange andauern, bis wir uns darauf besinnen, daß es allein unsere jeweils höchst eigene Verantwortung ist, lieben zu lernen, von der uns weder politische Bewegungen noch Systemänderungen, noch Konsumerhöhung oder Verfall in Süchte befreien können. Es wäre an der Zeit, unsere Vorstellungen über die Liebe als einen vermeintlich konfliktfreien Ort des Paradieses richtigzustellen und uns von jenen Selbsttäuschungen zu befreien, die unseren Ausflüchten dienen sollen.

2. Kapitel
Abkürzungsversuche

»Die von einer Minderheit aus verleugneten Schuldgefühlen durch Entwicklungsverweigerung und Flucht in Unterentwicklung vollzogene destruktive Wendung aggressiver Bedürfnisse gegen den jeweiligen Partner, gegen die vermeintliche Anonymität eines Systems oder gegen die eigene Person darf nicht darüber hinwegtäuschen, daß Millionen anderer der gleichen Generationen trotz der Schwere bevorstehender Zeitabschnitte die eigene Zukunft bejahen.«

Fallen

Die Angst, zu kurz zu kommen, führt oft zu dem Versuch, Liebe auf Wegen zu erlangen, die auf Mißverständnissen beruhen. Es gehört zum Angst-Repertoire des männlichen Adoleszenten und jungen Mannes, zu fürchten, daß er vorzeitig umgarnt oder eingefangen würde oder in eine Falle geriete, aus der er sich nicht mehr retten kann. Die zahlreichen Witze und sexuellen Anekdoten, die zum Pensum des Adoleszenten gehören, spiegeln diese Angst zum Beispiel in der Mär von dem durch plötzlichen Scheidenkrampf eingeklemmten männlichen Glied (Penis captivus durch Vaginismus). Zugleich vermittelt dieser hartnäckig von Generation zu Generation durch mündliche Überlieferung sich fortsetzende, völlig irrtümliche Mythos ein reales Bild der untergründigen Angst des Mannes vor geschlechtlichen Beziehungen. Trotz aller Aufgeklärtheit und frühen sexuellen Experimente der jungen Generation im Zuge der sexuellen Revolution hält sich diese Vorstellung des in der Falle Gefangenseins hartnäckig, was mehr für die psychologische Bedeutung als für die klinische Realität dieses niemals beobachteten Symptoms spricht. Zugleich enthüllt dieser Inhalt die unbewußte Kastrationsangst des Mannes vor der Frau; eine Angst, die mitunter Ursache einer psychisch bedingten Impotenz sein kann.

Diese unbewußte Angst hat sich verstärkt, seitdem mit zunehmender, wenn auch oft noch mißverstandener Emanzipation und Gleichberechtigung der Frau deren sexuelle Aktivität ihre Verführungs- und Eroberungstendenz gegenüber Männern erhöht. Tradierte Sozialstereotypien haben das Rollenverhältnis Mann–Frau in vielen Gesellschaften in einseitiger Weise bestimmt. Dabei traf die allgemeine Annahme, der Mann sei in einer dominanten Position, niemals voll zu, wiewohl sie nach außen vertreten und oft demonstriert wurde. Historisch hat die

Tatsache Bedeutung, daß die christliche Welt der Frau eine Seele
erst Mitte des 16. Jahrhunderts nach dem Tridentiner Konzil
zusprach, während sie zuvor eher in die Nähe des Tieres gerückt war. Diese Vorstellung hat sich im Zusammenhang mit der
Gebärfähigkeit der Frau offenbar untergründig deshalb so hartnäckig erhalten, weil die Einsicht, daß Frauen auf vielen Gebieten die gleichen Fähigkeiten und Möglichkeiten wie Männer be-
sitzen, eine zu bedrohliche Konkurrenzannahme bedeutet hätte.
Der moderne Versuch, die Frau als Sexualobjekt zu Werbe-
zwecken zu benutzen und sie exhibitionistisch auf ihre Körperlichkeit zu reduzieren, dient dem gleichen Ziel, sie als mögliche
Konkurrentin des Mannes abzuwerten und als »Nur-Frau« auszuschalten. Der Unfug des Geredes vom »schwachen Geschlecht« – eine Beruhigung für den in seiner Selbstsicherheit
bedrohten Mann, der Pseudo-Ritterlichkeit zum Vorwand für Kon-
kurrenzangst nimmt – wird seit Jahrhunderten nicht nur durch die
nachgewiesenen Fähigkeiten vieler Frauen, »männliche Tätigkeiten« auszuüben, widerlegt, sondern darüber hinaus vor allem
durch die dem Manne fehlende Gebärfähigkeit, die viele Männer
beim ersten Anblick einer Geburt in Ohnmacht fallen läßt. Die
zeitgenössisch beeinflußte Arbeitshypothese vom »Penisneid«
der Frau hatte seit je ihr Gegenstück im »Gebär- und Schwan-
gerschaftsneid« des Mannes. Die zahlreichen Beispiele von Männern, die während einer Schwangerschaft der Partnerin ihrerseits
unbedingt auch ein Produkt erzeugen müssen, ist ebenso ein
Beweis wie andere Erscheinungen bei Männern, die auf eine
unbewußte Identifizierung mit der weiblichen Rolle hinweisen
(zum Beispiel Zunahme der »dicken Bäuche«). Die Überbewer-
tung des Begriffes »Neid«, enthalten im Fachjargon »Penisneid«
(Freud), kennzeichnet ein weitverbreitetes Mißverständnis, nämlich die Verwechslung von infantiler und erwachsener Sexualität.

Im Akt der sexuellen Vereinigung gehören beide Zeugungs-
organe zueinander, so daß Erfülltsein und Umfangensein einander entsprechen - ohne Neid! Die Befürchtung des Zukurzge-
kommenseins spielt aber für den Knaben und für viele erwachsene Männer insofern eine wichtige Rolle, als Größenvergleiche
des männlichen Sexualorgans und die Angst, zu klein geraten

zu sein, auf den ersten Anblick eines erwachsenen männlichen Genitales zurückzuführen sind. Dies geschieht meist in einer Phase, in der der Knabe ohnehin in einem hoffnungslosen Zwiespalt zwischen Rivalität mit dem Vater und dem gleichzeitigen Wunsch nach Anlehnung steht. Gewiß hat für das Mädchen die Unterschiedlichkeit der Anatomie eine Anfangsbedeutung, die jedoch nur dann zu einem bleibenden Verlustgefühl oder dem Eindruck des Benachteiligtwerdens führen kann, wenn das andere, entscheidende Element ausbleibt, nämlich die Anerkennung des ersten femininen Werbens um den Vater und die Bestätigung der Weiblichkeit durch ihn. Hier sind historisch bedingte Vorurteile erkennbar, deren Ursachen vielen Eltern überhaupt nicht bewußt sind, die heute noch auf der größeren Bedeutung einer männlichen Erstgeburt oder der Geburt eines Knaben beharren. Es mutet kurios an, wenn Bedeutungen des römischen Erbfolgerechtes, der feudalistischen Epoche des »Namensträgers«, der ökonomischen Bedingheiten der Agrargesellschaft bis auf den heutigen Tag das Vorurteil der minderen Bedeutung weiblicher Geburten aufrechterhalten. Sicher ist jedoch, daß auch heute noch bestimmte Väter sich weigern, Töchter voll anzunehmen, wenn ihre Phantasie den Sohn erwünschte. Offenbar haben Männer ein größeres Bedürfnis, ihr eigenes Geschlecht bestätigt zu sehen, was nicht unbedingt auf Sicherheit hinweist. Es ist eine unbewiesene, aber psychologisch nicht uninteressante Annahme, daß der jeweils vorübergehend oder dauernd schwächere Teil in einer Partnerschaft unbewußt sein eigenes Geschlecht verstärkt, um später Verbündete zu finden – eine Theorie, die, wenn sie zuträfe, mit dem Vorurteil der männlichen Dominanz aufräumen könnte.

Rollen

Dennoch bedingen die gesellschaftlichen Überzeugungen und Sitten eine bestimmte Art des Rollenverhaltens und des Selbstverständnisses der Geschlechter, was den Lernvorgang Liebe erheblich erschweren kann. Auch hier sind es Überlieferungen, die im Schulunterricht, in der klassischen Lyrik und in fortbestehenden Regeln mit schöner Gleichmäßigkeit wiederkehren und die latent in der Familie durch Beobachtung des Verhaltens der Eltern vorgeprägten Überzeugungen verstärken: »...und drinnen waltet die züchtige Hausfrau...«, »der Mann muß hinaus ins feindliche Leben«. Weder die ausschließliche Kämpfer- und Versorgerrolle des Mannes bestätigt sich an der Wirklichkeit noch die der Frau als Hüterin des Herdes. Das Übergewicht einer Mittelklassemoral im Viktorianischen Jahrhundert und zur Zeit der Zünfte hat die gegebenen Wirklichkeiten in so einseitiger Weise verzerrt, daß die Vorstellung der drei K (Kirche, Küche, Kinder) als besonderes »Reich der Frau« bis heute überwiegt, obgleich in der Masse der werktätigen Bevölkerung schon lange beide Partner arbeiteten, um überleben zu können. In der gehobenen Bürgerklasse und im Adel ersetzten jedoch den Kindern gegenüber vielfach die Dienstboten die fernbleibenden Eltern. Das verzerrte Bild der Frau erweist sich auch hier als ein Wunschbild des Mannes, der, um vermeintliche Vorrechte und Dominanz besorgt, die Frau einerseits hochstilisiert und andererseits zugleich als Freiwild abwertet. Dieser häufig vorzufindende »Madonnen-Dirnen-Komplex« des Mannes kennzeichnet einen Spaltungsprozeß, in dem einerseits Sexualität als verdorbenes, niedriges Triebbegehren und Bestialität des Mannes (auch von der puritanisch erzogenen Frau aus so gesehen) bewertet und ausgeklammert wird, während gleichzeitig die Partnerin (»Hohe Frau«) zu einem fast heiligen, nahezu unberührbaren Wesen hochstilisiert wird, das aber gleichzeitig der »rassischen Reinheit« dienen soll oder das »ganz andere« im Leben des Mannes darstellen muß. Die Art der Viktorianischen Partnerschaft ist heute schwer einfühlbar, obgleich sie etwa im Gedankengut des Nationalsozialismus wiederkehrt und bis heute fortlebt. Verglichen mit der durchschnittlichen Masse heutiger Kinoplakate und pornographischer Literatur sei nur als Beispiel erwähnt, daß noch bis zum Ende des Ersten Weltkrieges für die höhere Tochter der »gebildeten Stände« zum Beispiel das Wort Bein, selbst wenn es in einem Literaturtext erschien, unaussprechbar war. Es mußte durch ein »Mhm« ersetzt werden – von der Benennung anderer Körperteile ganz zu schweigen (daher »die Unaussprechlichen« als Bezeichnung für Unterhosen). Auch diese eingeengte Perspektive mit ihrer Spaltung zwischen Sexualität und Liebe ist das Ergebnis früherer Geschichtsepochen, wesentlich beeinflußt von der engen und muffigen Moral der Handwerkerzünfte, deren Selektionsprozeß jene besondere Überempfindlichkeit des durchschnittlichen Mittelstandes zur Folge hatte, der hinter jedem Regelverstoß bereits die Versuchung zur Sünde und den totalen Zusammenbruch der Moral witterte. Ähnliche Züge finden sich auch heute noch bei Moralisten und extremen Sittenwächtern.

Was wir heute unter dem Begriff pluralistische Gesellschaft verstehen, bleibt vage und unklar, hat aber zur Folge, daß eine große Zahl widersprüchlichster Moralauffassungen gleichzeitig nebeneinander existieren, die von extrem hedonistischen Idealen einer absoluten Lustberechtigung als Lebensziel bis zum anderen Extrem genauso absoluter Lebensverneinung und totaler Enthaltsamkeit reichen, ohne daß eine allgemeine Wertskala Gültigkeit hätte. Die Verwirrung vergrößert sich durch die psychologisch wohldurchdachten und manipulierbaren Mittel der Marktwerbung, von denen soziale Einstellungen und Verhaltensweisen zu Sexualität und Liebe mitbestimmt und teilweise gelenkt werden. Die damit ausgelösten und propagierten Vorstellungen von Glück und Liebe, nicht selten absurd verzerrt, wecken bewußt Ansprüche, die als Kaufanreiz dem Umsatz und der Profitmaximierung dienen sollen. Wiederum wird »Erfüllung« hier meist vom Habenkönnen bestimmt, während das Nichthabenkönnen den Minderbemittelten dann auf die weniger kostspielige Erfüllung seiner sexuellen Wünsche verweist, die als Ersatz für Liebe angeboten wird.

Leere

Die unmerklichen Zwänge von denen das Konsumverhalten abhängig wird, können sich so weit in die Partnerbeziehung drängen, daß die Fähigkeit zum materiellen Erwerb von Luxus- und Geltungsgütern zu einer Art »Liebesbeweis« wird, von dem Zuneigung und Stabilität der Partnerschaft abhängig gemacht werden. Zugleich spielt sich aber unsichtbar eine Art Machtkampf ab, dessen Inhalt sich auf Beherrschung (Dominanz) und Unterwerfung (Submission) konzentriert. Viele Partnerschaften fallen damit zurück auf eine sado-masochistische Ebene, auf der es mehr darum geht, wer der Stärkere, der Beherrschende und wer der Unterworfene ist. Ein Neo-Darwinist wird in diesem Prozeß das unveränderliche Ausleseprinzip im Kampf der Geschlechter walten sehen. Wer jedoch direkt davon betroffen wird, mag anders darüber denken und fühlen.

Da ist der Ehemann der mittleren Lebensjahre nach mehrjähriger Ehe in einigen Zweifeln über seine Rolle als Versorger und Hauptverdiener. Nach erfolgreicher, relativ steiler Anfangskarriere beginnt sich vor ihm die weite Ebene auszubreiten, auf der keine neuen Gipfel in annehmbarer Ferne erkennbar sind. Er beginnt sein Leben zu teilen in eine Hausehe und eine Art Büroehe. Der statistische Nachweis, daß jede Sexualaffäre in der Arbeitswelt nicht nur zu privaten Konflikten, sondern zu einer bis zu sechzigprozentigen Reduktion des Arbeitsinteresses führt, verhindert nicht, daß solche Fallen wirksam aufgestellt werden und funktionieren. Auch der umgekehrte Fall ist nicht selten. Die berufstätige Frau, die völlig in ihrer Arbeit für ihren Chef aufgeht, bemerkt zu spät, in welchem Ausmaß sie den eigenen Mann ständig mit der meist überidealisierten Figur ihres Büropartners vergleicht und ihn innerlich abwertet. Beide Erfahrungen könnten zu einer Erneuerung der bestehenden Partnerbeziehung führen, wenn der Vorgang und seine Ursachen verstanden würden. Es ist kennzeichnend für die mittlere Lebenskrise, die zwischen 35 und 45 Jahren liegt, daß Ehen in der zuvor bestehenden Jugendform nicht mehr aufrechtzuerhalten sind. Sie bedürften einer Wandlung, klärender Aussprache über Unzufriedenheiten, falsche Erwartungen und den Mangel an Reifung, in der auch beginnendes Älterwerden und damit Veränderungen der Lebenseinstellung anerkannt werden müßten.

Es wird aber im Falle eines inneren Ehekonfliktes fast immer einen Dritten geben, der bereits draußen vor dem Zaun steht. Das Gras erscheint stets grüner auf der anderen Seite, die Kirschen in Nachbars Garten sind verlockender. Die Aufforderung zur Flucht stellt den leichteren Ausweg dar, zumal wenn man glaubt, sich mit dem eigenen Partner in eine ausweglose Sackgasse verrannt zu haben. Das Bewußtsein der verpaßten Gelegenheiten und Möglichkeiten, die man zuvor nicht wahrnahm, hat jedoch viel mehr mit dem Annehmen des eigenen Alters zu tun. Das scheint Männern schwererzufallen, obwohl meist mehr Frauen dieses Konflikts verdächtigt werden. Hinzu kommt die Unzufriedenheit und Enttäuschung über die gewohnte Dauer ohne Wandlung – eben nicht »öfter mal was Neues«. Auch hier sind die sozialen Einflüsse von entscheidender Bedeutung. Nicht jede Arbeit hinterläßt das Gefühl der Sinnerfüllung, im Gegenteil, sie kann als sinnentleerender Automatismus erlebt werden, dessen Monotonie die Phantasie dann um so mehr belebt.

Wie leben wir denn? Acht Stunden Schlaf als Optimum, acht Stunden Arbeit, was immer das sein mag, acht Stunden Freizeit. Aber ist die Arbeit, die Verrichtung, die Aufgabe das Entscheidende, oder sind es die Menschen, mit denen wir leben und arbeiten? Auch hier entsteht ein bestimmtes dynamisches Beziehungsgefüge im Betrieb, in der Arbeitsgruppe, in der Dienststelle, das von dem Platz und der Rolle bestimmt wird, in die wir uns selbst hineinstellen oder in die wir von anderen hineingezogen werden. Dabei ist es keineswegs allein die berufliche Rolle, die erbrachte Sachleistung, sosehr wir uns auch daran klammern mögen, sondern es sind die menschlichen, sozialen Bezüge, in denen wir Gefühle, Erlebnisse, Konflikte, Sorgen oder Freuden mitteilen und austauschen können oder glauben verschweigen zu müssen. Das Gefühl, als eine Person angenommen, anerkannt und zugehörig sein zu können, schafft oft genug entweder einen Ausgleich, oder das Fehlen dieses Gefühls verursacht eine zusätzliche Belastung zu der jeweiligen Lage, in der wir uns im privaten Intimbereich von Ehe oder Freundschaft befinden.

Barrieren

Wir schaffen unsichtbare Grenzen, deren Respektierung wir erwarten. Diese Grenzen sind weiter außen in den Beziehungen der Arbeitswelt, näher innen in der Partnerbeziehung, aber auch dort existieren sie, ohne daß sie sich jemals ganz abbauen lassen. Ein innerer Bereich bleibt. Nur unter äußersten Umständen wären wir bereit, diesen Bereich für einen anderen, auch für den Nächsten, zugänglich zu machen, da wir in diesem inneren Raum uns selbst kaum zu begegnen wagen. Gerade diese Grenze ist jedoch die letzte Barriere gegen die Liebe, weil wir uns selbst behalten und vorenthalten möchten. Wer sich nicht offenbaren kann, hat Schwierigkeiten zu lieben. Er wünscht ein Selbstbild aufrechtzuerhalten, das nichts mit seiner Wirklichkeit zu tun hat, aus Angst, er sei ohne dieses selbstgemachte Bild dem anderen ausgeliefert und dessen Liebe nicht wert. Die Einsamkeit zu zweien beruht auf einem solchen Vorbehalt. Er ist angstbegründet aus erlernten Notwendigkeiten. Das Selbstbild beruht auf einer langen, frühen Vorgeschichte, die uns ein Siegel einprägte: »Du bist meiner Liebe, Achtung und Anerkennung nicht wert, wenn du nicht . . .« Die Angst, Liebe zu verlieren, wenn man nicht bestimmte Forderungen erfüllt, entstammt den Resten jener Kindheitsabhängigkeit, die von vielen Eltern in so unbedachter, oft grausamer Form egoistisch dazu benutzt wird, »Menschen nach ihrem Bilde« zu formen. Die Bedeutung dieser ersten Beziehungspersonen wird vergessen, die Haltung bleibt. Sie wird »internalisiert«, das heißt nach innen übernommen; wir folgen dann jenen erworbenen Regeln, die der Wirklichkeit so oft widersprechen, weil sie unser Verhalten unecht machen. »Du mußt immer freundlich zu allen Menschen sein, besonders zu mir« ist eine dieser Erwerbungen, die ursprünglich lautet: »Kindchen, gib Tantchen ein Händchen!« Zwang zu übertriebener Ordnungsliebe, zu überhöhtem Ehrgeiz, falscher Bescheidenheit und Scheu, aber auch verstärkter Leistungszwang und Geltungsdrang gehören zu den vielerlei »Kindchen-Regeln«, von deren Erfüllung wir so abhängig wurden, daß wir sie auch späterhin blind befolgen in der gleichen, unbewußten Angst, Liebe, Wert und Anerkennung zu verlieren, wenn wir je dagegen verstoßen. Im Umgang mit einem Partner kann ein solches Beziehungsklischee dann zur völligen Sinnentleerung führen, wenn beide Partner einander entsprechende Selbstbilder geformt haben, von deren Bestätigung sie abhängig sind. »Du mußt immer stark und zuverlässig sein« paßt gut zu »du mußt immer schön alles in Ordnung halten«. Das geht eine ganze Weile gut, aber es ist voraussehbar, daß an irgendeiner Stelle diese »Liebe« endet, weil sich das erwünschte Selbstbild nicht mehr bestätigen läßt. Plötzlich ist der Partner einmal nicht mehr »stark und zuverlässig«, und umgekehrt kann beim anderen irgend etwas unerwartet in Unordnung geraten. Die meisten Partnerschaften leiden unter ungelebtem Leben, das deshalb nie zum Vorschein kommt, weil das entstandene Beziehungsgefüge nur ganz bestimmte Seiten zuläßt. So entstehen Monotonie und Gewohnheit: »Ich hab mich so an dich gewöhnt ...« drückt zwar einen Anpassungsprozeß aus, aber um welchen Preis? Wir hätten Möglichkeiten der Bewußtseinsentwicklung, wenn wir den Mut entwickeln würden, das Unerwartete, Überraschende, Neue zu tun und auszusprechen, freilich in der Voraussicht, damit zunächst auf die Verwunderung und die Abwehr des Partners zu stoßen, der sich in seinen eigenen Gewohnheiten beunruhigt sieht – jener gleichen Gewöhnung, die er möglicherweise zuvor als Langeweile beklagte.

In den sechziger Jahren und später hatte ich Gelegenheit, Manager und industrielle Führungskräfte in Sechs- bis Zehn-Tages-Seminaren in England und in anderen Ländern zu beobachten. Diese Gruppenseminare hatten zum Ziel, ein besseres Gefühl für das eigene Erleben und die eigene Identität beim einzelnen zu wecken und ihm dadurch ein besseres Verstehen sowohl der eigenen Motive und Abwehrhaltungen als auch der Verhaltensweisen anderer im Umgang mit ihnen zu vermitteln. Die meisten Teilnehmer waren so beeindruckt, daß sie, oft reuevoll, ihre Erfahrung gleich anwenden wollten, wenn sie begriffen, wie sehr sie sich ihren Frauen und Kindern entfremdet hatten durch eine scheinbar rationale Flucht in die Arbeit. Einen freien Nachmittag in der Woche benutzten manche Teilnehmer, die in der Nähe wohnten, um nach Hause zu fahren. Im Mitarbeiterstab hätten wir Wetten über die voraussehbare Entwicklung abschließen können, wenn der Anlaß nicht so ernst gewesen wäre. Mit großer Regelmäßigkeit kamen dann in den meisten Seminaren beunruhigende Anrufe von mißtrauischen Ehefrauen spätestens zwei bis drei Stunden nach der Rückkehr des Ehemannes bei uns an: »Was ist mit meinem Mann los? Er ist so verändert. Wir sind seit mehr als zehn Jahren verheiratet, und plötzlich kommt er mit einem Geschenk an« (Blumenstrauß, Perlenkette, Ring, Pelzjacke, Süßigkeiten usw.). Und zögernd wurde manchmal hinzugefügt: »Ist da irgendeine Frauengeschichte dahinter?« Diese Erfahrung, in manchen anderen, ähnlichen Gruppenseminaren auf ähnliche Weise bestätigt, zeigt, daß wir in Partnerschaften eine bestimmte Struktur bilden, die sich zum stillschweigenden Gewohnheitsvertrag entwickelt. Bricht ein Partner diese Struktur, zum Beispiel weil ihm plötzlich dämmert, daß er seine Frau in diesem Gewohnheitsvertrag nicht so sehr gut behandelt hat, so stößt er zunächst auf Mißtrauen, auch wenn seine Absicht aus dem Gefühl neuer Liebe entstand, die er zum Ausdruck bringen will. Wir beklagen die Monotonie in manchen Partnerschaften. Der Versuch des anderen, die Beziehung neu zu beleben, läßt uns aber dann plötzlich begreifen, wie sehr wir uns selbst in der Gewohnheit bequem eingerichtet hatten.

Flucht

Eine Art des Wiederbelebungsversuches allerdings schlägt meistens fehl. Die Anpreisung von Sexualität als Konsumartikel verleitet oft zu dem Gedanken, durch technische Reizsteigerung der Intimbeziehung sei eine Wiederbelebung jener Jugendlichkeit möglich, die einmal ursprünglich die Leidenschaften beherrschte. Das Bedürfnis nach erhöhter Sexualität, oft unter Einfluß berauschender Mittel – meist Alkohol, der die Hemmungen beseitigen soll – tritt als eine Art Betäubungswunsch auf, ohne daß der Ursache für diesen Wunsch nachgegangen würde. Sie kann in einer momentanen Depression, einem Verlusterlebnis liegen, hängt jedoch häufiger mit der jähen Wahrnehmung des Älterwerdens zusammen. Weil die Zeit im Leben nicht umkehrbar ist, möchten wir sie halten und mit ihr Jugend und Leben verlängern. Ich erinnere mich an eine Mutter, die ihre Tochter noch im Alter von dreizehn Jahren mit Kinderröckchen zur Schule schickte, um sich ihr eigenes Älterwerden nicht zugeben zu müssen. Einer der Hauptgründe, warum Kinder von ihren Eltern künstlich klein und in Abhängigkeit gehalten werden, ist der verleugnete Konflikt der Eltern, die selbst in einer Art Erinnerungskonserve in falscher Jugendlichkeit verharren möchten, aus Angst, ihre Anziehungskraft zu verlieren. Zu diesem Konsumideal der Jugendlichkeit und »Frische« trägt wiederum eine gezielte Industriewerbung bei: »Nimm Präparat X und du schaffst es!« Dadurch werden ohnehin bestehende, verdrängte Alterungsängste verstärkt, weil der Eindruck erweckt wird, daß man zum alten Eisen gehört, sobald man nicht mehr die Ideale der Jugendlichkeit erfüllt.

Wir sind aber selbst in einer Art Unsterblichkeitsglauben befangen, der den Tod als ein beängstigendes Ereignis auszuklammern versucht, so als gehe das Leben unverändert in der gleichen Form weiter, in der wir uns selbst zuvor erfahren haben. Die Jugendkultur zeigt die kollektive Abwehrtendenz, die einer meiner amerikanischen Freunde folgerichtig als »Gerontophobie«

(= Angst vor Alter und Alten) bezeichnet hat. Zu Zeiten Theodor Fontanes wurde das Leben als ein Ablauf gesehen, der seine Gezeiten, Höhen, Täler, sein Auf und Ab hat, um schließlich in einen ruhigen Rückblick auszumünden, der Frieden mit sich selbst und der Welt verhieß. Heute wird Alter in einer kaum begründbaren Überheblichkeit gleichgesetzt mit altmodisch, ausrangiert, unbrauchbar – mit Ungeduld zum Absterben verurteilt, obgleich alle Jüngeren eben diesen »Alten« ihr Leben, ihre Erziehung und ihre heutigen weit weniger begrenzten sozialen Möglichkeiten und Freiheiten verdanken. Dieser verzerrte Maßstab macht die Frage dringlicher, ob nicht die jüngeren Generationen weitaus mehr Schwierigkeiten haben, Liebe zu erlernen, weil sie in einem Ausmaß der Selbstliebe befangen sind, das ihnen eine zureichende Wahrnehmung eigener und fremder Wirklichkeit nicht mehr erlaubt. Dem wütenden Zorn auf die älteren Vorgenerationen steht wenig an Eigengut gegenüber, das konstruktive Ziele aufzuweisen hätte. Vielmehr sind Sinnentleerung, Sensationslust, Übersteigerung, Rausch und Betäubung genauso wie Gewalt und Zerstörung verzweifelte Verweigerungen der Liebe, besonders dort, wo ihre sozial bindende Kraft erst zukünftige Möglichkeiten entstehen lassen könnte.

Festgefahren in bestimmten modischen Rollenschemata, die in uniformer Kleidung, Haartracht und kollektivem Jargon ihren Ausdruck finden, damit eine Pseudo-Identität verleihend, hinter der oft eine völlig aufgesplitterte Ich-Struktur steht, entgleisen Beziehungen dann schon bei der ersten Belastung, die Wandlungsschritte und Ausdauer erfordern würden. Scheinbar revolutionäres Fortschrittsgeschrei erweist sich dabei als Stillstand auf trotzig geltungsbedürftigen Durchgangsstufen der Pubertät, die um so anfälliger für soziale und politische Rattenfänger aller Art sind. Partnerschaften werden leicht zu einer Art Wärmestube für seelisch Obdachlose, verbrämt mit allerlei pseudo-politischem Zierat, der durch Wiederholung und den Gebrauch obszöner Vokabeln weder richtiger noch schlüssiger wird. »Stop the world! I want to get off!« (Halt die Welt an, ich will raus!) Der Titel eines erfolgreichen Musicals der fünfziger Jahre scheint in ganz anderer Weise den Wunsch nach Anhalten, Pause und Entwicklungsverweigerung auszudrücken, aus uneingestandener Ratlosigkeit, die jedoch ehrlich geteilt und mitgeteilt werden müßte. Aus dem Abstand der Jahre wird der unbefangene Betrachter skeptisch gegenüber dem Ruf nach Veränderung, der als Wortklischee verkündet wird, während das Verhalten das Gegenteil ausdrückt: Stillstand und Rückgriff auf kindliche Erlebnis- und Verhaltensweisen. Die verleugnete Angst vor Enttäuschung führt offenbar leicht zu einer Art schnoddrig überheblicher Arroganz, hinter der sich die Unsicherheit verbirgt, die in ebenso verblasenen Zukunftsvorstellungen zum Ausdruck kommt. Auch hier wird man mit Böll »die kriminelle Sünde der Differenzierung« begehen müssen, zumal ein isoliertes Bild einer »revolutionären« Minderheit um der Sensation willen leicht in den Vordergrund gerät. Dabei wird die Mehrheit jener übersehen, die durchaus bereit sind, auch die seelischen Herausforderungen der Zukunft für das eigene Leben wie für eine Partnerschaft anzunehmen und sie in eine Ordnung zu stellen, die bei aller Wandlungsfähigkeit realistische Aussicht auf Dauer hat. Die von einer Minderheit aus verleugneten Schuldgefühlen durch Entwicklungsverweigerung und Flucht in Unterentwicklung vollzogene destruktive Wendung aggressiver Bedürfnisse gegen den jeweiligen Partner, gegen die vermeintliche Anonymität eines Systems, das sie selbst durch eigenes Verhalten nachahmend karikieren, oder gegen die eigene Person in offenen Selbstmordprogrammen der drogenabhängigen Lebensverweigerung darf nicht darüber hinwegtäuschen, daß Millionen anderer der gleichen Generationen ohne diese Verschiebung enttäuschter Sexualität und Liebesunfähigkeit in zerstörerische Aggression auskommen und trotz der Schwere bevorstehender Zeitabschnitte die eigene Zukunft bejahen.

Rache

Wie tief Rachegefühle aus infantiler enttäuschter Liebes-
erwartung verankert sein können, erwies sich mir vor vielen Jahren in einem Mordfall. Ein biederer Handwerker in mittleren Jahren, sieben Jahre verheiratet, mit zwei Kindern, ermordete seine
Frau. Begründung in dem sehr ausführlichen Gutachtergespräch
mit ihm: Seine Frau hatte versprochen, ihm eine Geburtstagstorte
zu backen, versäumte aber die rechtzeitige Erfüllung dieses Wunsches. Es handelte sich um eine Deckerinnerung, das heißt, die
Enttäuschung und der Mordwunsch bezogen sich auf seine Mutter, die denselben Wunsch trotz langer Versprechen zu seinem
fünften Geburtstag nicht erfüllt hatte.

Die meisten Familienkatastrophen, die entweder in einer
Gewalttat und sogar im Mord enden oder aber zu einem demon-
strativen, oft leider geglückten Selbstmordversuch führen, beruhen auf ähnlichen, lange aufgestauten, unbewältigten Übertra-
gungsgefühlen, die ursprünglich auf einen Elternteil bezogen
waren. Der in der Kindheit unterdrückte Impuls formiert sich dann
am Partner neu. Wenn dieser schließlich nur noch subjektiv in der
gleichen Bedeutungsperspektive mit dem konfliktverursachenden
Elternteil gesehen werden kann, werden die latent schon lange
vorhandenen Mordwünsche und Todesphantasien in einem unkontrollierten Augenblick in die Tat umgesetzt. So ungewöhnlich
dies zunächst scheint, die Ursache ist das Beharren auf einem
kindlichen Liebesanspruch, der enttäuscht wurde. Zugleich zeigt
sich aber auch die Entwicklungsverweigerung, die den möglichen
Lernprozeß ablehnt. Wiewohl das Recht andere, bewußtseins-
nähere und logische Gründe für die gesetzliche Strafe benennt,
bestrafen wir eigentlich eine verborgene Werdensschuld in der
Annahme, der einzelne habe die freie Wahl, sich des rechten
Weges einer möglichen Entwicklung bewußt zu sein, die seine
Tat hätte verhindern können.

Eric Berne, Autor des Buches »Spiele der Erwachsenen«
(Games People Play), vertritt in seiner Transaktionsanalyse

(transactional analysis) die Theorie, daß jeder Mensch wie in einem Film oder auf der Bühne einem bestimmten Lebensdrehbuch (life-script) so lange folge, bis ihm die Zusammenhänge mit dem Ursprung seiner Haltungen und Einstellungen bewußt werden. Er bezeichnet das Gefüge zwischen Partnern deshalb als »Spiel«, weil es wie auf der Bühne nach einem inneren Drehbuch abläuft und immer wieder in der gleichen Situation endet: eine Erklärung dafür, warum bei Scheidung oder Partnerwahl oft die gleiche Situation wieder von neuem entsteht, die zur Trennung von einem früheren Partner führte. Die Paradoxie besteht darin, daß die aufeinander abgestimmten Rollen der Vermeidung einer möglichen Weiterentwicklung dienen, die den Lernvorgang Liebe einleiten könnte und eine Wandlung des starren inneren Drehbuchverhaltens herbeiführen würde. Ursache solcher Abwehr ist eine Verpanzerung gegen befürchtete Schmerzwiederholung, die jedoch auf die Dauer mehr Pein herbeiführt, als durch ein Ablegen des Panzers je eintreten könnte.

3. Kapitel
Verpanzerungen

»Einmal auf den Weg gebracht, ist es niemandem erlaubt, stehenzubleiben oder sich vor einer inneren Weiterentwicklung zu drücken. Er wird nicht umhin können, sich in seinem eigenen Leben zu fragen, wo bei allem Erfolg und Gewinn die Liebe blieb. Sie ließe sich finden, wenn wir den Mut hätten, sie neu zu lernen.«

Leere Festung

Es gibt viele Maskierungen und Verpanzerungen gegen die Liebe, die wir oft nicht erkennen. Ihnen liegt ein geheimer Schwur zugrunde: »Nie wieder will ich den Schmerz erleben, abgewiesen zu werden.« Menschen, die mit diesem Schwur leben, müssen um jeden Preis Nähe verhindern. Sie fürchten, geliebt zu werden, weil sie dadurch in eine schmerzhafte innere Lage geraten. Sie haben Angst, daß ihr eigener Wunsch zu lieben wieder aufgerührt wird, nachdem sie ihn mit bitterem Schmerz einst für immer begruben, als ihre Liebe abgewiesen wurde. Ihre kühle Distanz und Abweisung jeder persönlichen Nähe ist ein Mittel der Schmerzvermeidung. Die vom Volksmund geprägten Spottnamen »Hagestolz« oder »alte Jungfer« übersehen die inneren Zusammenhänge der scheinbaren Menschenfeindlichkeit, die aus Enttäuschung wuchs. Dieser Rückzug von intensiveren Beziehungen in eine Verpanzerung aus Angst vor Schmerz und Verletzlichkeit, gleichsam wie in eine leere Festung, führt nicht nur zur Verarmung der Gefühlswelt, deren Erlebnisse vermieden werden sollen. Wenn nicht ein Weg gefunden werden kann, Zuneigung, Fürsorge für andere und damit Liebe auf andere Weise auszudrücken und zu erleben, wird solche Festung leicht zum Gefängnis. Menschen, die den mit der Liebe verbundenen Schmerz vermeiden möchten, geraten leicht in die Gefahr, durch ihren Rückzug die Kontrolle über die Wirklichkeit, die eigene und die fremde, zu verlieren. Ihre Welt wird zu einer Eigenwelt, deren Regeln so weit von denen der Allgemeinheit abweichen, daß sie einer gewissen Verrücktheit oder Exzentrizität verdächtigt werden. Je mehr sie sich dann, stärker verletzt und in ihren Enttäuschungen bestätigt, zurückziehen, desto eher werden sie zur Projektionsfläche für ihre Umgebung, für deren eigene, verdrängte Phantasien des Bösen oder Absonderlichen.

Einsamkeit ist der Preis einer Verpanzerung gegen die Liebe aus Angst vor Schmerz und Enttäuschung.

Manchmal haben Kinder mit ihrer intuitiven Sensibilität die Fähigkeit, neue Wege der Kommunikation zu vereinsamten Menschen zu finden und jene verborgene, verpanzerte Liebe wieder aufzuwecken – ein weiterer Beweis, daß der Rückzug in die Einsamkeit aus Angst vor Abweisung meist schon in der Kindheit erfolgt. Hinter der scheinbaren Kinderfeindlichkeit des Verpanzerten verbirgt sich die Sehnsucht, das ursprüngliche Liebesdrama der eigenen Kindheit überwinden zu können. Es ist eine alte Weisheit, daß Spätehen mit Junggesellen oder Junggesellinnen meist deshalb schwierig sind, weil die festgefügten Strukturen der über lange Zeiträume entwickelten Lebensgewohnheiten nicht leicht zu ändern sind. Die Entscheidung, dennoch eine bleibende, beständige Partnerschaft einzugehen, deutet jedoch auf eine Bereitschaft, das Risiko des Lernprozesses Liebe auf sich zu nehmen.

Spiralnebel

Eine andere Form der Abwehr gegen beständige und lernfähige Liebe ist die Angst vor Bindung. Menschen, die von dieser oft unbewußten Angst besetzt sind, leben gleichsam wie in einer Art Spiralnebel, dessen das Ganze bewegender Kern unsichtbar und ungreifbar bleibt. Die Spirale kann sich nach außen bewegen in immer schnellerer Drehung, in immer flüchtigere, oberflächlicher werdende Bewegungen, Abenteuer und Episoden sich verwickelnd, bis das System in die gegenteilige Bewegung umschlägt, in den panikartigen Rückzug mit gegenläufiger Drehung der Spirale nach innen. Der Abbruch und Verlust aller äußeren Kontakte dauert dann so lange, bis ein neuer Wiederholungszwang die Spirale nach außen zwingt und derselbe Ablauf von vorne beginnt. Bindung wird abgewehrt durch Vielfalt der Beziehungen, wodurch die Bedeutung und »Gefahr« jeder einzelnen Verbindung relativiert wird. Das entspricht dem Verhalten von Adoleszenten, die aus berechtigter Skepsis gegenüber zu früher und unbedachter Bindung, entsprechend ihren vielfältig aufgespaltenen, noch nicht voll integrierten Interessen und widersprüchlichen Strebungen, sich durch die Vielfalt verschiedenster Beziehungen vor zu intensiven Gefühlen und verfrühter Verpflichtung zu schützen suchen. Die spöttische Abwandlung des klassischen Zitates: »Drum prüfe, was sich ewig bindet« in »drum prüfe ewig, was sich bindet« beschreibt das Wissen der Allgemeinheit um diese Form der fortdauernden Adoleszenz, die sich auch in anderen Wesenszügen bemerkbar macht.

Nicht selten sind Unsicherheit der geschlechtlichen Identität, verursacht durch frühe Probleme der Ablösung von der Mutter und Teilidentifizierungen mit dem Gegengeschlecht, die Ursache für eine tiefverankerte, jedoch unbewußte Zwiespältigkeit. Auch das Symptom des Partnerwechsels mit Hilfe eines anderen, neuen Partners deutet auf den Suchcharakter, der in dieser Art der Schwierigkeit zu lieben zum Ausdruck kommt. Besondere Überempfindlichkeit der eigenen Liebe, die Angst, Einbußen des aus Minderwertigkeitsgefühlen künstlich überhöhten Selbstbildes durch Konfrontation von seiten eines Partners zu erleiden, ist eine häufige Begleiterscheinung, die oft in der unausgesprochenen Formel zum Ausdruck kommt: »Du mußt mich so lieben, wie ich mich selbst sehe. Wenn du es nicht kannst, muß ich gehen.« Auch hier ist die Schwierigkeit zu lieben von einer geschwulstartig gewucherten, überhöhten Selbstliebe verursacht, die der Angst entstammt. Eine Besonderheit dabei ist der unbewußte Sexualneid auf das andere Geschlecht. Man findet nicht selten männliche Partner, die nichtsahnend dauernd demonstrieren müssen, daß sie die besseren »mütterlich-weiblichen« Qualitäten haben, wie umgekehrt weibliche Partner, die dauernd betonen müssen, wieviel entschiedener, entschlossener, aktivitätsbereit und »männlicher« sie sind als der jeweilige Partner des Gegengeschlechts. Die darin enthaltene Konkurrenz mit dem Partner bleibt dabei weitgehend unbewußt, verursacht jedoch für die nächste Generation der Kinder größere Identitätskonflikte der

Geschlechtsidentität. Dabei folgt die unbewußte Tendenz dem jahrtausendealten Mythos vom Androgyn (mannweibliches Doppelgeschlecht), so als werde durch einen »mütterlichen Vater« und eine »väterliche Mutter« der beängstigende Gegensatz verschiedener Geschlechter abgemildert.

Aktuelle Erscheinungen in Subkulturen, die dem äußeren Bilde nach diese reale Unterscheidung durch Intersexualität verwischen sollen, sowie die durchaus modische Tendenz zur pseudo-politischen propagandistischen und militanten Förderung der Homosexualität sind Ergebnisse solcher unbewußten Verschiebungen, deren Konsequenzen heute kaum zu übersehen sind. Genauso wie sexuelles Verhalten und Grundregeln in Partnerbeziehungen von sozio-kulturellen, ökonomischen und politischen Faktoren beeinflußt werden, hat umgekehrt konkretes Partnerschafts- und Sexualverhalten der jeweiligen Gesellschaft einen Einfluß auf die Moral der Allgemeinheit und damit auch auf Arbeitsmoral, Situationsethik, sozio-kulturelle Wertvorstellungen wie auf ökonomische oder politische Trends. Die Unverbindlichkeit vieler Intimbeziehungen, die Ungewißheit ihrer Dauer oder Verläßlichkeit deutet auf eine Zunahme der »Spiralnebel«-Haltung. Sie kann mitbedingt sein durch die in den westlichen Industriegesellschaften nicht zuletzt durch die rapide erhöhte Lebenserwartung zunehmend verlängerte Adoleszenz. Das der jüngeren Generation zugestandene »Moratorium« (E. Erikson) zugunsten ausgedehnterer Bildungsmöglichkeiten, deren Gebrauch freilich immer fragwürdiger wird, wirkt zugleich infantilisierend und trägt zu längerer Fortdauer von Adoleszenzhaltungen bei, die nicht ohne Einfluß auf Partnerschaften bleiben. Die daraus sich entwickelnde Instabilität und Unsicherheit der Beziehungen hat ihre Auswirkungen dann in kollektiven Flucht- und Anspruchsbewegungen, deren Zukunftsbilder sich an vage Utopien einer »besseren Welt« anlehnen. Diese wird kaum aus der Vermeidung des Lernprozesses Liebe entstehen können, vielmehr bedürfte es einer Entscheidung, die von jedem einzelnen fordert, daß er sich der eigenen Schwierigkeit zu lieben stellt, statt andere oder ganze Systeme zu Sündenböcken für sein Zögern zu machen.

Auch der in immer schneller kreisenden Spiralen vor der

Liebe Flüchtende gerät regelmäßig in eine Grenzsituation, der er sich schließlich stellen muß, weil die Lebensstrecke nicht umkehrbar ist. Die »mittlere Lebenskrise«, der bisher in Medizin und Psychologie relativ wenig Beachtung geschenkt wurde, weil die dann sich auswirkenden Abwandlungen von Kindheitskonflikten allzu schnell auf die ursprünglichen Erlebnismodelle reduziert wurden, ist entscheidend von dem jähen Bewußtsein bestimmt, daß der verbleibende Rest kürzer ist als das zuvor gelebte Leben. Bislang wissen wir zu wenig über die Ursachen des plötzlichen Herztodes oder tödlicher Erkrankungen im Bereich der mittleren Lebenskrise von 35 bis 45; ein Zeitabschnitt, der nach wie vor irrtümlicherweise als das »beste Mannesalter« bezeichnet wird, während es kurioserweise kein gleichlautendes Prädikat für die gleiche Altersgruppe der Frauen gibt.

Die mittlere Lebenskrise ist jedoch in Wirklichkeit eine verborgene Liebeskrise für beide Geschlechter, ausgelöst von der Frage nach dem Sinn all dessen, was zuvor gelebt wurde, und wohin es führt. Alte Volksweisheit beschreibt das wiederum lange vor aller Psychologie: »Mit vierzig wird der Schwob gscheit.« Das »Schwabenalter« kennzeichnet allgemeines Wissen um Gesetzlichkeiten des Lebensablaufes und der inneren Entwicklung, wobei sich in anderen Mundarten und Stämmen durchaus ähnliche Aussagen und »Bauernweisheiten« finden, auf die der urbane Intellektuelle häufig mit gewissem Spott herabsieht. Das Problem von Wissen und Sein, verdichtet im Konflikt zwischen Denken und Handeln, wird jedoch auf einer anderen Ebene gelöst, die letztlich das Gewissen des einzelnen bestimmt, nämlich von seiner Entscheidung zu lieben oder Liebe zu verweigern. Erst die Tatsache, daß wir dies *wissen,* läßt schmerzhaft bewußt werden, daß wir es meist, wider besseres Wissen, *nicht tun.* Der Flüchtende ist nur einer in der Menge der mit den persönlichen Schwierigkeiten zu lieben ringenden Mitmenschen.

Klauseln

Viel häufiger sind Vertragsklauseln der Partnerschaft, die
vor Veränderung und Wandlung schützen sollen. »Ich kann dich
nur lieben, wenn du so bist, wie ich es mir vorstelle und von dir
verlange« ist eine der unberechtigt einseitigen Forderungen, die
vor Gegenforderungen und Änderungen des Selbstbilds bewah-
ren sollen. Dabei wird übersehen, daß diese Forderung einem
inneren Idealbild entspricht, das auf ganz anderem Wege zustande kam und mit dem realen Partner wenig zu tun hat. Es
läuft darauf hinaus, daß der Partner an einer Schablone gemessen wird, in die er wie in eine Matrize hineingepreßt werden soll,
wobei alle darüber hinausragenden Anteile störend sind und nach
Möglichkeit verschwinden sollen. Das kann darauf beruhen, daß
der Partner als eine Erweiterung des eigenen Selbst alle jene
Eigenschaften haben soll, die dem eigenen Wunschbild fehlen.
Er kränkt dann das eigene Selbstbild, sobald er etwas tut, sagt
oder denkt, was diesem Ideal nicht entspricht. Die andere Möglichkeit besteht darin, daß der Partner mit einer Person der ge-
wohnten früheren Umgebung identifiziert wird. Das kann dann
konfliktreich werden, wenn zuvor besondere Empfindlichkeiten
gegenüber bestimmten Personen der früheren Umgebung – Eltern, Geschwistern, Freunden und Freundinnen oder Erziehern –
entwickelt wurden, die auf zwiespältigen und unklaren Gefühls-
bindungen oder Abhängigkeiten beruhen. Die Formel: »Ich kann
nicht ausstehen, wenn du . . .« umschreibt die einseitige Klausel,
bei der vorausgesetzt wird, daß keine Notwendigkeit besteht, den
Ursachen solcher besonderen, eigenen Empfindlichkeiten nachzugehen. Vielmehr wird die Änderungsklausel einseitig auf den
Partner verlegt, auf den die ganze Last früherer Übertragungen
verschoben wird. Solche Verschiebung kann auch darin bestehen, daß am Partner ähnlich wie an Kindern nicht eingestandene,
eigene, verhaßte Wesenszüge bekämpft werden müssen. Der
seelische Mechanismus der »Projektion«, bei dem unterdrückte,
uneingestandene und unbewußte eigene Inhalte und Verhaltens-

weisen auf den Partner wie auf einen Bildschirm projiziert werden, ist eine der häufigsten Ursachen für Partnerkonflikte und Rollenklauseln, die ihm vorgeschrieben werden. Mütter mit mehreren Kindern kennen das »Mutti-Syndrom« des Partners, der, plötzlich von kindlichen Neidanwandlungen befallen, ebenfalls nach Grießbrei und Kindernahrung verlangt und seine Partnerbeziehung vorübergehend oder dauernd in eine Mutti-Klausel umwandelt, gleichsam als hätte er nunmehr ein Recht, das dritte oder vierte Kind zu sein. Solche Rückgriffe (Regressionen) auf frühere, kindliche Stufen des Verhaltens sind nicht ungewöhnlich. Sie entstehen meist unter besonderen seelischen Belastungen oder in vorübergehenden Unsicherheitsphasen. Aber auch in alkoholischer Lähmung der sonst voll bewußten Kontrolle des Bewußtseins treten bei vielen Menschen ähnliche Wesenszüge eines Rückfalles in puberales oder kindliches Verhalten auf.

Der Ausweichversuch vor dem Erlernen der Liebe ist bei der Vertragsklausel dadurch gekennzeichnet, daß dem Partner stets eine bestimmte Rolle zugewiesen wird, von der er nicht abweichen darf. Wenn dies auf Grund gegenseitiger Klauseln geschieht, engt sich das mögliche Erlebnis- und Beziehungsfeld weitgehend ein, neue Lernmöglichkeiten werden ausgeschlossen, und die Beziehung erstarrt in einer Art rückgekoppeltem Regulationsschema. Statt Liebe entstehen Zwang und Unfreiheit, andere Persönlichkeitszüge zu entfalten, die den Bedingungen der Klauseln widersprechen. Die Einseitigkeit solcher Einschränkungen führt dann nicht selten zum Ausbrechen eines Partners aus der Beziehung oder zu sich steigernden Streitsituationen. Die leidenschaftlich hinausgeschleuderte Forderung einer Ehefrau: »Ich will gar nicht, daß du alles tust, was ich sage. Ich will nur, daß du genauso denkst, wie ich denke« beleuchtet die tatsächliche Starre und Verzweiflung, mit der eine Wandlung der eigenen Struktur und die Möglichkeit, mit den Augen des anderen sehen zu lernen, durch einseitige Forderungen verhindert werden soll. Solches Verhalten wird wiederum nur dann verständlich, wenn man sich die Unsicherheit und tiefe innere Angst vor einer notwendigen Korrektur des Selbstideals klarmacht, die als Selbstwert- und Liebesverlust in jedem Entwicklungsschritt gefürchtet wird. Mit dieser Furcht wird aber zugleich ein Teil der eigenen Wirklichkeit und der des Partners ausgeklammert, was auf die Dauer zur Folge hat, daß die Realität bis zum Wahn oder bis zur überwertigen Idee verzerrt werden kann.

Es gibt übrigens eine sehr einfache Übung, die ohne Worte oder Diskussionen ein direktes Erlebnis vermitteln kann, welcher Art die Partnerbeziehung im jeweiligen Augenblick ist. Sie ist anwendbar, besonders in jungen Partnerschaften, um mehr über sich selbst und den anderen zu lernen, ohne dabei in wortreiche Mißverständnisse zu verfallen. Beide Partner stehen einander gegenüber, jeder schließt die Augen und versucht sich den anderen vorzustellen. Nach einigen Minuten öffnen beide ihre Augen und vergleichen das reale Partnerbild mit der zuvor erlebten Vorstellung. Dann halten beide ihre Handflächen leicht gegeneinander, so als sei der andere ein Spiegelbild. Sobald dieses Spiegelbild (auf beiden Seiten des Spiegels) eine Bewegung der Hand oder des Körpers ausführt, muß der andere folgen, gleichgültig auf welcher der beiden Seiten und von welchem Partner die Bewegung ausgeht. Dabei wird mehr erkennbar als etwa nur Klauseln oder Widerstände. Der Vorgang läßt sich zwar in Worten beschreiben, das Erlebnis jedoch ist direkt und in Worten allein nicht erfaßbar, für jeden der beiden Partner jedoch als möglicher Lernprozeß bedeutsam. Dieses Beispiel einer möglichen Erfahrungsübung für Partner ist an diese Stelle gerückt, weil es dem Klauselpartner meist am schwersten fällt, Unerwartetes vom anderen anzunehmen oder selbst Unerwartetes zu tun.

Auch hier sind Grundeinstellungen der Partnerschaft von spezifischen Bedingungen der jeweiligen Kultur abhängig. Eine Gesellschaft zum Beispiel, die zwanghaften Regeln wie »Ordnung muß sein« oder »... ist das halbe Leben« und »Dienst ist Dienst und Schnaps ist Schnaps« folgt, wird mehr Tendenzen zu einengenden Vertragsklauseln in Partnerschaften aufzuweisen haben als etwa Gesellschaften, die Regeln folgen wie »Forget it« oder »It does not matter«, was eher notwendige Arbeit an Stabilisierung erfordert. Die Beziehungen werden völlig anders aussehen, wenn wie in Teilen des Orients die Mehrheit davon überzeugt ist, daß die »Realität« des westlichen Menschen nur eine Selbsttäuschung ohne wirkliche Bedeutung sei.

Figarowelt

In der industrialisierten Welt gehört die Vermeidung einer tieferreichenden Partnerbeziehung wegen Überlastung im Beruf zu den häufigsten, sich selbst rechtfertigenden Schwierigkeiten der Liebe. Siebzig Prozent der industriellen Führungskräfte in Management-Seminaren geben in der Altersgruppe zwischen 35 und 50 Jahren als ihre Hauptschwierigkeit die Unmöglichkeit an, mit ihrer Familie einen intensiven, dauerhaften Gefühlskontakt aufrechtzuerhalten. Der Grund dafür liegt, wie die einzelnen Teilnehmer anfänglich glauben, in ihrer beruflichen Überarbeitung. Genauere Analyse enthüllt dagegen, daß die Überarbeitung bis zur Sechzig- und Siebzig-Stunden-Woche gesucht wird, um all jenen Problemen, Fragen und Selbstzweifeln zu entgehen, die das Leben in der Familie auslöst. Im »Figaro-Syndrom« (»Figaro hier, Figaro dort ... Ich kann nicht mehr ...«, Barbier von Sevilla), in der die eigene Bedeutung erhöhenden Überbeschäftigung und Gefragtheit im Beruf, ist der »Führende«, sei es in der Politik, Industrie, Geschäftswelt oder anderen Organisationen, meist davon überzeugt, daß ihm für die Liebe keine Zeit mehr bleibt. Was keineswegs verhindert, daß es gerade nach anstrengenden Konferenzen oder Geschäftstransaktionen zu einem »leeren« Augenblick kommen kann, in dem die Versuchungen fremder Städte und ihrer unverbindlichen Abenteuermöglichkeiten wirksame Anziehung ausüben – gleichsam »mal so nebenbei«. Danach geht mit Sicherheit die Arbeit wieder vor: »Erst kommt die Arbeit, dann das Vergnügen« ist ein Schulkinderdressat der Leistungsgesellschaften.

Zu dieser Haltung trägt die Arbeitsethik der großen Konzerne und Organisationen nicht unwesentlich bei, insbesondere

dann, wenn etwa die »Konzernfrau«, das ist die zum Angestellten
gehörende Ehefrau, gleichsam als eine Art Anhängsel des Mannes betrachtet wird, für das der Betrieb oder die Behörde keiner-
lei Verantwortung trägt, weil dies nicht in den »dienstlichen« oder
»geschäftlichen« Rahmen gehört. Es ist nachgewiesen, daß ein
erheblicher Anteil an Ehefrauen auf diese Weise zum »Betriebs-
unfall« wird, wobei Depression, Alkoholismus oder psychosomatische Funktionsstörungen noch die harmloseren, behebbaren
Ergebnisse sind, wenn der Zusammenhang rechtzeitig gesehen
wird. Die überalterte Ideologie vom Manne, der draußen im feind-
lichen Leben ist, und der züchtigen Hausfrau drinnen scheint
unverändert diese Einstellung der Arbeitgeber zu bestimmen, die
den Mann häufig vor eine konfliktreiche Entscheidung stellen:
Entweder Karriere oder Ehe und Familie. Auch hier wird das jeweilige Partnergefüge diese Entscheidung bestimmen, wobei keineswegs übersehen werden darf, daß manche Partnerin nicht
notwendigerweise unzufrieden darüber ist, für einige Zeit ihre
eigenen Wege gehen zu können. Es wäre irrtümlich, anzunehmen, daß die Verzerrung pornographischer Filme wie etwa
»Hausfrauen-Report« der Wirklichkeit entspräche. Genauso falsch
wäre es aber auch, die Existenz »grüner Witwen« und ihrer Konflikte und Frustrationen zu verleugnen.

Leider wissen die wenigsten Partner, wie sie im Stadium
gemeinsamer Belastungen und plötzlicher Frustrationen miteinander besser umgehen könnten. Vielmehr möchte der von der
Arbeit und in Großstädten allein schon vom Verkehrsgetümmel
zusätzlich frustrierte Mann erst einmal seine Ruhe haben, wenn
er nach Hause zurückkehrt, während die Frau den Tag mit einer
Reihe von Gedanken, Problemen, Sorgen oder Konflikten mit
sich selbst oder den Kindern verbracht haben mag, die sie möglichst gleich loswerden möchte. Immer wieder bin ich auf Männer
getroffen, die heimkehrend mit schlechtem Gewissen ihre in freu-
diger Erwartung dort stehenden Kinder abwiesen, weil es »einfach zu viel war nach so einem Tag«. Lösungen dieses Problems
fallen vielen Partnern nicht ein, obwohl mir die verschiedensten
Methoden mitgeteilt wurden: eine Extrarunde um den Häuser-
block, um abzuschalten; zwanzig Minuten »Nach-Büro-Schlaf«;

und schließlich (eine der schlechtesten Methoden!) zuvor einen Schnaps in der Kneipe. Die übliche Methode der Wahl ist das Verkriechen hinter der Abendausgabe der Tageszeitung. Es ist ein Scheinproblem, das von der Angst beherrscht wird, nicht genügend Energie übrig zu behalten und deshalb nicht mehr geben zu können. Der wirkliche Grund liegt auch hier meist in einem Festgefahrensein in Gewohnheiten und falschen Erwartungen. Es gibt kaum einen besseren Beweis, daß Liebe erlernt werden muß und nicht vom Himmel fällt, als die vielen sinnlosen Ehekräche oder die ungerechtfertigten abendlichen Ausbrüche gegenüber Kindern, die sich mindestens ein- bis zweimal im Monat in vielen Familien bei der Heimkehr des Mannes abspielen – mitunter noch öfter, wenn beide Partner arbeiten müssen, um den erwünschten Lebensstandard aufrechtzuerhalten, der häufig von den älteren Kindern gar nicht gewünscht wird. Die Vermutung, daß nichts schöner sei als die Versöhnung nach einem richtigen Krach, mag besonderen Temperamenten als Anreiz dienen, in der Mehrheit ist es eben gerade nicht der Krach, sondern eine schwelende, mit vielerlei Unzufriedenheit geladene Spannung, in der nichts mehr ehrlich ausgesprochen wird.

Die Schwierigkeit, lieben zu lernen, wird um so größer sein, je mehr jeder von der Bedeutung seiner Ansprüche überzeugt ist, sei es der Anspruch auf Karriere, Beförderung und höheren Lebensstandard oder der Anspruch auf Rücksichtnahme gegenüber dem geplagten Brotverdiener, der seine Ruhe braucht, oder der Anspruch, Gehör für all die kleinen Probleme zu finden, die den Alltag der Frau ausgefüllt haben. Viele alt-patriarchale Pascha-Allüren fließen hier genauso ein wie der Überlegenheitswahn des Mannes, wenn Überlastung als Schutzwall gegen Nähe, Änderung und Erlernen liebender Gemeinsamkeit vorgeschoben wird, während gleichzeitig »Hausfrauenarbeit« als eine Minderbelastung eingestuft wird. In Wirklichkeit beraubt sich der Mann dabei der intensivsten Quelle, die ihm als Sinnbestätigung seines Lebens zur Verfügung stehen würde, denn die Versicherung: »Ich rackere mich doch nur für euch ab« befreit ihn keineswegs davon, daß er in einem ganz anderen, viel persönlicheren, direkten Beziehungsfeld gebraucht wird, dem er sich nicht entziehen

kann, wenn er nicht die tatsächliche Grundlage und Rechtferti-
gung seiner Arbeit sich selbst gegenüber verlieren will. Wenn
heute viele Familien wie eine Art Tankstelle oder Materialdepot
»funktionieren« und von den einzelnen Mitgliedern gelegentlich
zum Auftanken angelaufen werden, so liegt das nicht zuletzt daran, daß vor lauter Anspruch und Rennen nach materiellem Besitz die Liebe »altmodisch« wurde und allenfalls durch das Fernsehprogramm ersetzt wird, das gelegentlich Liebe als Schauspiel
aus zweiter Hand liefert, dann hoffentlich als Anstoß zum Nachdenken. Hinzu kommt, daß eine Art Arbeitssüchtigkeit wirksame
Flucht vor sich selbst und vor nagenden Gefühlszweifeln ermöglicht, denen man ausweichen möchte. Im Englischen hat man für
dieses Phänomen neuerdings den Ausdruck »workaholic« ge-
prägt, zusammengezogen aus »work« (=Arbeit) und »alcoholic«.
    Einmal auf den Weg gebracht, ist es niemandem erlaubt, ste-
henzubleiben oder sich vor einer inneren Weiterentwicklung zu
drücken, ohne dafür einen mitunter hohen Preis zu zahlen. Heute
wissen die meisten praktischen Ärzte und die Kliniken, daß zwischen 35 bis 45 Prozent aller Patienten und mehr über Funktionsstörungen klagen, die ungelöste und unlösbar scheinende innere
und äußere Konflikte zur Ursache haben. Die meisten dieser Konflikte beruhen auf unrealistischen Erwartungen bei gleichzeitigem
Ausufern der Phantasie. Keiner dieser vielen Patienten wäre jedoch bereit und in der Lage, schlicht zu sagen: »Ich bin unglück-
lich und unzufrieden mit mir selbst und anderen, weil ich zu viele
Wünsche auf einmal habe, nicht verzichten kann und nicht genug
an dem finde, was ich bin und habe.« Die ständige Anstachelung
des Konkurrenzverhaltens und die allgemeinen Suggestionen
einer möglichen Perfektionierung des Menschen als einer fehler-
frei, gleichmäßig funktionierenden, gut geölten Maschine tragen
mit dazu bei, daß das verborgene Roboter-Ideal schließlich auch
in das Schlafzimmer eindringt. Der Vorwurf der jüngeren Generation, eine Welt geschaffen zu haben, die »kaputt« ist, bezieht sich
auf die Verneinung, Verleugnung und Vermeidung jedes Gefühls-
bezuges in der Arbeitswelt und schließlich auch im Privatleben.
Dabei wird erkennbar, daß gerade die künstlich unterdrückten
und mißachteten Gefühle die Eskalation affektiver Konflikte her-

beiführen. Der Durchschnittsindustrielle, -geschäftsmann oder -behördenleiter mag ein spöttisches Lächeln aufsetzen und es als eine Zumutung betrachten, wenn man ihm nun auch noch mit der Liebe und solchem Schmus kommt. Es mag derselbe Mann sein, der Weihnachten als »Fest der Liebe« annonciert und sich Geschäftsbelebung davon verspricht. Er wird aber nicht umhin können, sich in seinem eigenen Leben zu fragen, wo bei allem Erfolg und Gewinn die Liebe blieb. Sie ließe sich finden, wenn wir den Mut hätten, sie neu zu lernen. Offenbar gehört dazu so viel Mut, daß heute sie niemand mehr wagt. Aus Angst zu scheitern – oder aus Angst, zu kurz zu kommen?

Mimosen

Es gibt Mimosenhaftigkeit gegenüber der Liebe. Damit ist nicht der plötzliche Abscheu vor Sexualität gemeint, der Pubertierende überfällt, wenn ihre Angst vor den körperlichen Veränderungen einsetzt. Das Märchen vom Froschkönig beschreibt besser als jede schwerverständliche sexualwissenschaftliche Abhandlung die sich in dieser Entwicklung vollziehende Wandlung: Der mit äußerstem Abscheu im Bett vorgefundene, häßliche, klebrige Frosch (als Symbol der Sexualität) wird von der Prinzessin an die Wand geschleudert und verwandelt sich im gleichen Augenblick in einen strahlenden Prinzen. Dem männlichen Gegenstück ergeht es nicht anders im Märchen »Von einem der auszog, das Gruseln zu lernen«. Er übersteht alle bedrohlichen Gespenster und Riesen, bis er den Eimer mit den glitschigen Fischen über den Leib gegossen bekommt. Da »gruselt« ihn, wobei gruseln gleichzeitig sprachlich die Doppelbedeutung von Gänsehaut und rieselndem Schauer hat. Die symbolische Anspielung auf Sexualität ist nicht zu übersehen: es geschieht ja im Ehebett.

Die Mimosenhaftigkeit als Abwehr der Liebe ist gekennzeichnet durch jene Art der Überempfindlichkeit, die man als

Ästhetizismus bezeichnet. Die Liebe wird dabei ihres »ordinären«
Anteils, der Sexualität, beraubt und nach Möglichkeit vergeistigt.
Der Verehrer, wie Erich Kästner ihn in hoher Sensibilität für die
Doppeldeutigkeit der Sprache in dem Gedicht »Der Kümmerer«
beschreibt, isoliert einen bestimmten Aspekt seines Partners. Die
Mißinterpretation von »rein bleiben und reif werden« besteht in
einer Ausklammerung des körperlichen Anteils der Liebe. Nur
jene Anteile des anderen werden zugelassen, die es möglich
machen, ihn fernzuhalten. Das entspricht einer geschichtlichen
Epoche, in der Minnesänger das Land durchzogen, um den hohen Frauen Loblieder zu singen, die ihre Unerreichbarkeit zur
Voraussetzung hatten. Im »Ständchen« der Biedermeierzeit kehrt
ein Teil jener romantischen Idealisierung der Liebe per Distanz
wieder. Auch hier ist die entscheidende Bedingung die Unerreichbarkeit, die durch Idealisierung möglich wird, weil keine
Notwendigkeit der Auseinandersetzung mit der Wirklichkeit besteht. Im Über-Ästhetizismus erscheint die Sexualität als niedrig,
schmutzig und gemein, was dem Sexualtabu bestimmter Epochen
entspricht. Der oder die »Angebetete« wird zu einer Art Monu-
ment, das mehr Phantasien zuläßt, als jede Realität ermöglichen
würde. Manche Kapläne und junge katholische Priester wissen
ein klagvolles Lied von dieser Art der Wahl als »fernes Liebesobjekt« zu singen, wenn sie wegen ihrer im Zölibat begründeten
Unerreichbarkeit von Frauen angehimmelt werden. Aber etwas
ganz Ähnliches kann im Alltäglichen geschehen. Der Beteuerung
in einem Telefongespräch oder einem Brief »es ist so gut, daß
du da bist« könnte man mitunter hinzusetzen ».. . und nicht hier,
denn es ist leichter, mit meiner Vorstellung von dir umzugehen
als mit deiner anwesenden Wirklichkeit«. Die ästhetische Verweigerung, die Körperlichkeit der Liebe voll anzunehmen, schließt
dann aber auch deren durchaus komische und heitere Anteile
aus, die es neben tragischen stets auch gibt. Liebe aus dieser
Sicht bekommt dann den Charakter von etwas »Heiligem«, gleichsam Unberührbarem und wird am falschen Objekt »spirituali-
siert« – aus übertriebenem Ernst. Der oder die Betroffene solcher
Verehrung befindet sich in jedem Falle in einem Dilemma, denn
einerseits schmeichelt solches Umschwärmtsein seiner Selbst-

liebe und erhöht sie, andererseits schließt es jedoch Erfüllung aus und wird damit auf die Dauer anstrengend und frustrierend. Nabokov hat in »Lolita«, wenn auch vermischt mit anderen Strebungen seiner Hauptfigur Humbert, den tragischen Ausgang solcher Idealisierung geschildert.

Ich erinnere mich einer kurzen Beratung, in der eine junge, gescheite Frau aus ländlicher Umgebung vor der Entscheidung stand, ihr Einverständnis einem Manne zu geben, den sie seiner vielen Fähigkeiten, seiner vermeintlichen Schönheit und Brillanz wegen sehr bewunderte und für meine Wahrnehmung überidealisierte: »Er hat so schöne Hände!« Zugleich war sie im Zweifel, ob sie nicht lieber einen gleichaltrigen Mann und früheren Schulfreund heiraten sollte, den sie sehr genau kannte und wegen seiner Zuverlässigkeit und Redlichkeit liebte. Unsere Zeit war sehr knapp bemessen, da sie einen Zug erreichen mußte. Mein Ausweg war ein kurzer Monolog über den Unterschied zwischen Kuchen, den man gerne am Sonntag ißt, und Schwarzbrot, das man alle Tage braucht; und wie es wohl wäre, wenn man das auf die Dauer umkehren würde. Gewiß waren noch mehr Einzelheiten in diesem Gespräch enthalten, die hier ohne Belang sind. Nach einigen Wochen erreichte mich eine Postkarte aus dem Alpenland, aus dem die Dame kam: »Ich habe mich für Schwarzbrot entschieden!«

Ikonen

Liebe ist realistisch, Verliebtheit hängt Illusionen nach, die nicht erfüllbar sind. In der ästhetischen Abwehr kommt hinzu, daß es für Männer häufiger ganz junge, fast knabenhafte Mädchen sind, die solche ästhetische Anziehungskraft haben, während reife Frauen eher gemieden werden. Die zugrunde liegende, undifferenzierte Geschlechtsidentität des »Verehrers« und die damit verbundene latente, meist völlig unbewußte homoerotische

Neigung bewirken eine Art Flucht vor dem geschlechtlichen Anteil der Liebe genauso wie der verdrängte, unbewußte Neid auf
das andere Geschlecht. Bei Frauen ist es umgekehrt häufig der
strahlende Jüngling oder jüngere Mann mit Lockenhaupt und
wallender Mähne, langen Augenwimpern und einem leichten Zug
von fast weiblicher Schönheit, der ähnliche Reaktionen aus den
gleichen Gründen auslöst. Was für Teenager als »Fernliebe« für
unerreichbare Stars Übergangsstadium einer schwärmenden
Phantasie ist, wird für den Erwachsenen, wenn er auf dieser Stufe
stehenbleibt, zum ernsten Liebeshindernis. Der »Traum« wird
schöner als die Wirklichkeit, was jedoch nicht selten kompensa-
torisch zu Anfällen extrem intensiver Selbstbefriedigung führt,
wodurch Sexualität dann um so mehr als »niedriger Instinkt« im
Selbstvorwurf verleugnet werden muß, womit der Ästhetizismus
und die Vergeistigung als Ausgleich wieder in den Vordergrund
rücken.

Auch hier handelt es sich um Überbleibsel einer Durch-
gangsstufe der Adoleszenz, deren typische Merkmale wie der
»Madonnen-Dirnen-Komplex« des Mannes oder der »Ritter-Un-
hold-Komplex« der Frau zuvor schon in anderem Zusammenhang
erwähnt wurden. Diese Zebraperspektive eines Schwarz-weiß-
Erlebens rührt von der ursprünglichen Angst und Unfähigkeit,
sexuelle Impulse und Drangzustände auf der einen Seite und
Überempfindlichkeit des Gefühls auf der anderen Seite voll und
harmonisch in die Gesamtperson zu integrieren. Anbetung aber
schiebt den Angebeteten ab auf eine Art Altar oder Denkmals-
sockel, damit er sich möglichst nicht mehr rühren kann, denn
dann erscheint er ungefährlicher. Was in Wirklichkeit auf diese
Weise niedergehalten werden soll, sind die beunruhigenden
Triebimpulse, die verleugnet werden. Hält solche Aufspaltung an,
so geschieht es nicht selten, daß der gleiche Mann, der die eine
Frau anbetend als Ikone verehrt, mit vehementem Drang von ihr
zum nächsten Prostituiertenviertel eilt, am Ende verzweifelt über
die ihm selbst sinnlos erscheinende Spaltung.

Daß Mädchen in der Adoleszenz ihrerseits nicht selten eine
Dirnenphantasie haben, entspricht dem aufdämmernden Wissen
um die eigene Sexualität, umfaßt aber mehr. Dahinter steht die

unbewußte Suche nach dem Vater auf Grund unbewältigter, früh-
kindlicher inzestuöser Phantasien. Die gleiche inzestuöse Phantasie des Knaben kann dazu führen, daß die »Unberührbarkeit«
der verehrten Frau und ihr Bild sich unbewußt mit den früheren
Gefühlen deckt, die der Mutter gegenüber bestanden, die ja tatsächlich für den Knaben als sexuelles Ziel unberührbar war.

Ähnliche Überreste finden sich bei Frauen dann, wenn sie
in ihrem Partner einmal eine Art heiligen Ritter vom Gral sehen
und dann plötzlich das Gegenteil, einen teuflischen Unhold. Der
Ritter vom Gral ist der Rest einer idealisierten Vater-, Bruder-
oder Männergestalt der Kindheit, vermischt mit jenen Phantasien
und Träumen, die aus der Übergangszeit stammen, in der Mädchen tagträumen, selbst ein Junge, ein Mann, ein Held zu sein,
und Heldensagen verschlingen. Der teuflische Unhold dagegen
ist eine Mischung aus den »bösen« Erfahrungen mit der Mutter
(Hexe), den bedrohlichen Seiten der väterlichen Sexualität, als
sie noch nicht verstanden werden konnte, und den heimlichen
Rachephantasien des sich zurückgesetzt fühlenden Kindes, das
wütend auf Schaden, List und Zerstörung sinnt.

Anders begründet ist die Angst vor dem Einbrecher oder
vor sexueller Vergewaltigung. Beide sind identisch, die erstere
ist nur das Symbol der zweiten, und beide gehen auf die Angst
vor eigenen, unbewältigten sexuellen Spannungen und Wünschen zurück, ebenso auf Kindheitsängste nach Entdeckung der
Größenverhältnisse beim Anblick der Geschlechtsorgane Erwachsener.

In vielen Variationen dieser Abwehrformen der Liebe werden die allgemeinen Schwierigkeiten sichtbar, sich selbst recht
zu verstehen, den Partner zu begreifen und dann darüber hinaus
wahrzunehmen, was zwischen dem einen und dem anderen, beiden in ihrer Gemeinsamkeit geschieht. Das mag manchem von
Anfang an als so schwierig erscheinen, daß er schon das Bemühen darum aufgeben möchte. Deshalb wäre ein mögliches Mißverständnis hier auszuräumen: Unsere Erziehung verleitet uns
dazu, nur Denkvorgänge für wichtig und annehmbar zu halten.
Dabei handelt es sich meist um Vorstellungen des logischen
Gegenstanddenkes. Wir brauchen dieses technische Denken zum

Umgang mit der äußeren Wirklichkeit. Versuchen wir aber, diesen »intellektuellen« Vorgang im Umgang mit uns selbst und unseren Gefühlen anzuwenden, so versagt diese technische Seite unseres Verstandes. Nicht zufällig sprechen wir vom kühl rechnenden Verstand. Er steht im Gegensatz zu Wärme und »heißen« Gefühlen, Leidenschaften, die sich seiner Kontrolle oft entziehen. Deshalb bedarf es einer anderen Sichtweise, die wir auch als Einfühlung (Empathie) bezeichnen. Neben unseren Worten und Gedanken geben wir in Partnerschaften und mitmenschlichen Beziehungen ständig stumme Signale in unserem Verhalten, dem Ton unserer Stimme, der Haltung unseres Körpers, dem Ausdruck unseres Gesichtes, in der Bewegung unserer Gliedmaßen und in vielen anderen uns oft unbewußten Äußerungen. Manchmal widersprechen diese stummen Signale unseren Worten, manchmal stimmen sie überein. Offenbar bemerken wir selbst aber häufig nicht den Widerspruch zwischen unseren stummen Signalen und den Worten, denen wir eher folgen und trauen. Der andere versteht aber vielleicht die stumme Sprache und begreift, daß sie das Gegenteil der Worte ausdrückt. Das ist sehr beunruhigend für Menschen, die ihrem Willen und besten Wissen nach einander als Partner in Liebe zugetan sind. Für manchen mag es gar etwas Unheimliches an sich haben, daß sein Unbewußtes oft so lesbar für andere wird. Die Frage ist, wie wir mit solchen Wahrnehmungen umgehen. Die verständliche Angst in jeder Partnerschaft ist doch, daß sie nicht hält, was jeder sich erhoffte. Bedroht vom Zerbrechen der Beziehung, fürchtet jeder das Zurückfallen in Einsamkeit, die Vergeblichkeit aller Bemühungen und die Zweifel am Wagnis eines Neubeginns mit einem anderen Partner. Wundert es uns also, daß unter der dünnen Schicht von Alltagsgewohnheiten und Pflichten, die eine Partnerschaft äußerlich zusammenhalten mögen, mitunter ein Zittern und Zagen wahrnehmbar ist: die Bangnis, ob und wie lange es wohl halten wird, oder die Ratlosigkeit, was man tun könnte, um diesen Zustand der Unsicherheit zu überwinden?

Natürlich gibt es keine Rezepte oder bewährte Fahrpläne, nach denen sich zwei Partner ihre Lebensgemeinschaft so aufbauen könnten, daß sie frei von Angst miteinander leben. Aber es gibt Wege, diese keineswegs nur negativ sich auswirkenden Ängste an die Oberfläche zu bringen, zum gemeinsamen Besitz zu machen, sie miteinander zu bewältigen und die darin enthaltene Energie vielleicht sogar so fruchtbar zu machen, daß sie die Partnerschaft trägt, anstatt sie zu zerstören. Von diesen Möglichkeiten und Wegen im Lebensablauf, durch Liebe Angst zu überwinden, soll die zweite Hälfte dieses Buches handeln.

4. Kapitel
Wege und Umwege

»Wandlung bedarf eines Entschlusses und einer Entscheidung, die uns niemand abnehmen kann. Das umfaßt die Bereitschaft, Gefühle offen und klar auszusprechen, ohne die Absicht, den anderen dadurch treffen, verletzen oder sich rächen zu wollen. Das ist keineswegs leicht und bedarf der Überwindung von Angst wie auch einer Verringerung des Mißtrauens gegenüber dem anderen. Vertrauen nähert, Mißtrauen entfernt.«

Unsicherheit

Leben bedeutet Wandlung und Werden in einer unaufhalt-
samen Entwicklung. Jeder Schritt in diesem Wachstumspro-
zeß kann Schmerz und Freude bereiten: Stolz über gelungene Bewältigung zuvor gescheiterter Versuche, Schmerz über den Abschied von einem vorausgegangenen Lebensabschnitt, denn
Wandlung bedeutet zugleich stets auch Verlust. Verlust und Gewinn sind Grundelemente der Kosten-Nutzen-Bilanz kaufmänni-
schen Denkens. Liebe sollte doch frei sein von solcher Berech-
nung. Ist sie es?

Jeder Mensch weiß sich selbst aus direktem Erleben als ein
einzelner. Seine Haut ist gleichsam die Grenze zwischen innen
und außen. Keiner möchte sie zu Markte tragen. Unter dieser
Haut ist kaum Platz für einen anderen; es sei denn, dieser Platz
würde freiwillig eingeräumt. Die Dichtung und die Gebrauchs-
lyrik haben zu allen Zeiten das menschliche Herz und den Sinn
als jenen Ort bezeichnet, an dem ein anderer eingelassen wird
und »Im Sinn« bleibt: »Du, du liegst mir im Herzen, du, du liegst
mir im Sinn!« oder skeptisch negativ: »Aus den Augen, aus dem
Sinn«. Das Herz als Ort der Liebe, der Gefühle? »Ihr Anblick
ließ mein Herz höher schlagen.« Beschleunigter Herzschlag, Zittern und Zagen als Begreifen der Urgewalt, die uns in der Liebe
erfaßt, mögen der romantischen Epoche angehören. Aber auch
in der Moderne läßt sich offenbar der Herzschlag nicht so weit
kontrollieren, daß er nicht auch in der Liebeserregung beschleu-
nigt wäre. Moderne Verleugnung dieser überwältigenden Kraft
folgt dem Wahlspruch: »Play it cool!« – ein künstlicher Versuch,
der Wirklichkeit zu entrinnen, die es nicht erlaubt, einander zu
Spielern zu werden, ohne Liebe zu verlieren. Die Angst, zu kurz
zu kommen, steigert sich in den westlichen Zivilisationen um so
mehr, als die Vorstellung von Glück sich mit Besitz und Haben-

Können verbindet. Diese Angst vor dem Zukurzkommen, oft verbunden mit unbewußtem Neid, bestimmt viele Partnerschaften in
Ehe und Liebe, wenn sie unausgesprochen und ungeklärt bleibt.

Auch heute noch haben viele Männer, insbesondere der brei-
ten Mittelschicht, die Vorstellung, Frauen hätten es besser, da sie
»nur« die Hausarbeit und die Kindererziehung zu bewältigen
hätten und nicht dem Druck ständiger Leistungsforderungen ausgesetzt seien. Umgekehrt gibt es manche Frau, die den Mann
um das geregelte Dasein seiner Dienststunden und den verläßlichen Gleichlauf des Tages beneidet – einschließlich der
Pausen, die sie nicht hat –, während sie selbst mit mehreren
Kindern unentwegt durchhalten muß und sich vielleicht mehrmals
täglich einem mittleren Durcheinander gegenüber sieht. Diese
Ängste können anwachsen, ohne daß ausreichende Sicherungen
entwickelt werden; besonders dann, wenn eine Partnerschaft
ohne gegenseitigen psychologischen »Vertrag« geschlossen ist
und beide Partner versuchen, sich »durchzuwursteln«. Als Kinsey
vor zwanzig Jahren die Ergebnisse seiner Forschungen veröffentlichte, waren die meisten Leser überrascht, die verschiedenen
Motive für das Eingehen einer dauerhaften Verbindung zwischen
Mann und Frau zu erfahren: Männer heiraten, weil die Aussicht
auf regelmäßige und mühelose geschlechtliche Beziehungen vor-
teilhafter erscheint als bei vorausgegangenen Erfahrungen, während die Mehrzahl der Frauen ein Heim und Kinder als Ergebnis
einer Bindung ersehnt. Dieses Resultat wird heute, zwanzig Jahre
später, angezweifelt und bestritten, obwohl sich bislang in der
Wirklichkeit nur eine geringe Verschiebung in diesen häufig unbewußten Zielsetzungen ergab.

Ein statistisch nicht erfaßtes Motiv ist das Gefühl der Einsamkeit und die Sehnsucht nach verläßlicher Anlehnung und
Geborgenheit bei beiden Geschlechtern. Die Merkmale: Zuverlässigkeit, Beständigkeit, Ernsthaftigkeit und Aufrichtigkeit überwiegen auch heute noch als Wünsche bei der Partnersuche, und
nur ein geringer Prozentsatz der Gesamtbevölkerung betrachtet
Partnerschaft als einen unverbindlichen »Versuch auf Zeit«, der
sich leichter auflösen läßt, wenn keine formale Ehebindung ein-
gegangen wurde. Freilich ist die Scheu vor Bindung nicht nur

durch entwicklungspsychologische Faktoren bedingt, die bei Mann und Frau in den einzelnen Altersgruppen verschieden sind, sondern auch durch soziale und gesellschaftspolitische Einflüsse. Zweifel an der bürgerlichen Form der Ehe, Abwertung des Bürgertums durch destruktive Verzerrung und verallgemeinernde Kritik, Unbeständigkeit und Krisenanfälligkeit der Wirtschaftsstruktur, Unsicherheit der Zukunft unter dem Druck weltweiter, politischer Spannungen und globaler Bedrohung durch radikale Terrorgruppen, schließlich ernste Zweifel an den Zukunftsmöglichkeiten der Menschheit, nicht unähnlich den Ängsten gegen Ende des vorigen Jahrhunderts, bleiben nicht ohne Wirkung auf die Zweierbeziehung jeder Partnerschaft.

Gleichzeitig entsteht eine paradoxe Entwicklung: Während die globale Bedrohung die individuelle Angst vor der ungewissen Zukunft vergrößert und damit den einzelnen empfindlicher und dünnhäutiger macht, so daß er um so mehr nach verläßlicher Anlehnung und Geborgenheit im Intimbereich einer Zweierbeziehung sucht, kommt es zugleich zu einer Art gleichgültiger Abstumpfung, in der das eigene Leben und das des Partners an Bedeutung verliert, so als sei alles auswechselbar, weil es nur noch »auf Zeit« Gültigkeit habe. Die untergründige Erwartung einer nicht mehr abzuwendenden Katastrophe – in apokalyptischen Dimensionen von den modernen Propheten, den Futurologen, als kommender Untergang mit gelegentlich durchaus sadistischem Vergnügen der jeweiligen Kassandra-Imitatoren angedroht – führt zu einer Art Torschlußpanik, in der schnell noch einmal alle Lust genossen und ausgekostet werden soll, aus der Angst, sonst zu kurz zu kommen. Tritt dann die erwartete Katastrophe nicht ein, so muß der von der Angst in die Erlebnisgier Getriebene und Ausgebrannte andere Gründe finden als die seiner eigenen Kurzsichtigkeit und allzuschnellen Bereitschaft, den Propheten des Untergangs Glauben zu schenken. Mancher dieser modernen Propheten des Unterganges ist sich solcher Wirkungen kaum bewußt, während er zugleich den moralischen Niedergang beklagt, den er selbst auslöst, weil er vergißt, die Wege aufzuzeigen, die den Menschen aus der vermeintlichen Verdammung herausführen könnten. Auch hier ist es die Ungläu-

bigkeit, von der die Schwierigkeit zu lieben bestimmt wird, denn
nur die Fähigkeit zur Liebe würde die Angst vor dem Untergang
überwinden können; eine Angst, die aus der Anmaßung der
Schöpferrolle entsteht, in der sich der Mensch dem Wahn hingibt,
er könne aus eigener Kraft leben und den Kurs der Welt bestimmen – ohne die Liebe, die ihn in die Welt brachte, ihn dort hält
und ihn in jedem Augenblick abrufen kann.

Bei der Aufblähung und Betonung der irrlichternden Extreme
und ihrer verzerrten Darstellung als vermeintliche Durchschnitt-
lichkeit in den modernen Massenmedien wird leicht die Mehrzahl
der Menschen vergessen, die in einer bleibenden, wenn auch
sich stetig lebendig wandelnden Lebensgemeinschaft ihr Ziel
sehen und darin auch heute noch mehr Sinn und Erfüllung finden
als in der Zerfaserung und Zerstückelung des Lebens durch zer-
störerisch-zwanghaften Zweifel, der die Unfähigkeit zu lieben und
das Leiden an dieser Unfähigkeit verdecken soll. Die Angst des
Zukurzgekommenen verleitet ihn allzu leicht zur Schmähung
jener, die ihr Los erfüllen und damit zufrieden sind, weil ihnen
Gemeinsamkeit und offene Partnerschaft Wachstum, Entwicklung
und Reifung ermöglichen.

Sehnsucht

Die neuerliche, antiintellektuelle und kritisch antipsycho-
logische Einstellung wird verständlicher, wenn man einfachen
Beispielen nachgeht: Nicht selten habe ich die ärgerlich ent-
täuschte Klage von Menschen gehört, die sich der Mühe unter-
zogen, eines der vielen, mehr Glück verheißenden sexuellen Auf-
klärungsbücher zu lesen: »Da sind Hunderte von Seiten über
alles, was anormal oder krankhaft ist, aber kaum etwas, das mir
hilft!« Oder: »Was soll ich mit all dem technischen Kram von
99 verschiedenen Stellungen, Lustapparaten und anderem
Quatsch? Ich bin doch kein erotischer Ingenieur! Von Liebe stand

da nichts drin!« Es ist kein Zufall, daß die international auf diesem Gebiet bekanntesten Forscher Masters und Johnson heute in ihrer neuesten Veröffentlichung vor der einseitigen Verkennung der »technischen« Seite der Sexualität warnen und die Bedeutung der inneren, seelischen Beziehung und Bindung der Partner betonen – was für manchen technisch ausgerichteten Sexualforscher eine herbe Enttäuschung sein mag, wenn er sich auf Verhaltensänderung durch Dressur eingerichtet hatte. Sexualität als Kitt zerbröckelt unweigerlich, solange Beziehungslosigkeit besteht. Solche Einsamkeit zu zweit ist jedoch schwerer zu ertragen, weil sie zugleich ständig mit der enttäuschten Hoffnung und Erwartung konfrontiert. Warum suchen wir denn die Nähe, Wärme und Liebe eines anderen Menschen? Sicher ist der erste Schritt meist verbunden mit den vergessenen Erinnerungen an »selige« erste Erlebnisse dieser Art. Im Paradies des Säuglings- und Kleinkinddaseins wird die ungetrennte Einheit (Symbiose) erfahren, die wärmende, nährende, lustvolle und schützende Erfahrung begründet. Sie wird verloren im ersten Erlebnis des Getrenntseins und der Abtrennung aus der frühen Einheit Mutter und Kind, aber die Sehnsucht bleibt erhalten. Der erste Schritt der Vereinigung mit einem anderen Menschen, seine Nähe, Wärme und Liebe beleben diese Sehnsucht und Erfahrung von neuem. Beide werden zur Triebkraft der Liebe aber nur dann, wenn die Erwartung nicht einseitig auf Empfangen und Erhalten ausgerichtet bleibt. Erwachsene Liebe erfordert volle Gegenseitigkeit, wie immer diese Ergänzung im einzelnen sich auch verteilen mag.

Bleibt jedoch die kindliche Sehnsucht nach untrennbarer Vereinigung so stark erhalten, daß ihre Dauer gefordert wird und Trennung nicht ertragen werden kann, so steigert sich zugleich die Angst, nicht das zu erhalten, was (unbewußt) ersehnt wird. In einer ausgereiften Liebesbeziehung wäre es unsinnig, nachzuforschen, welcher der beiden Partner »mehr davon hat« – nicht nur bezogen auf das sexuelle Erlebnis. Die häufigste Angst vor Enttäuschung bei beiden Geschlechtern besteht in doppelter Richtung: die Befürchtung, dem anderen nicht »genug« sein zu können, ihn nicht genügend seelisch, materiell oder auch sexuell befriedigen zu können, aber zugleich auch die Angst, selbst vom anderen nicht genug zurückzubekommen. Natürlich wirken sich diese Ängste dann häufig zuerst im sexuellen Bereich aus, weil beide Partner aus falscher Rücksichtnahme nicht offen über den erlebten oder befürchteten Mangel sprechen. Je mehr die Spannung aus solchen vermeintlich enttäuschten Erwartungen anwächst, desto schwieriger wird es, sie vernünftig zu lösen. Freilich trägt die oft einseitige Art der heutigen »Sexualerziehung« in ihrer nicht selten blinden Aufklärungswut mit dazu bei, daß der zentrale Inhalt aller Sexualität, die seelische Liebesfähigkeit, bis zur Unkenntlichkeit ausgeklammert oder verleugnet wird. Das entspricht der Trennung von Trieb und Ideal in überintellektualisierten Zivilisationen, die zur »Verhirnung« verleitet, während die Erlebniserwartung, von der Wirklichkeit abgetrennt, an idealisierte Vorstellungen fixiert bleibt, denen die Wirklichkeit eines Partners niemals entsprechen kann.

Sexualität ist eben nicht nur, wie moderne Sexualtechniker glauben machen wollen, eine »Funktion«, etwa wie »Bad am Samstagabend« – das Bad sollte öfter erfolgen, wenn intime Nähe erträglich bleiben soll –, sondern umgekehrt, an dieser Funktion wird erkennbar, wie es um die beiden Menschen steht, die sich »miteinander« vereinigen. Und das geht weder ohne psychologischen »Vertrag« noch ohne dessen ständige Erneuerung, Überprüfung und Anpassung an die sich wandelnde Beziehung.

Psychologischer Vertrag

Was ist mit dem Begriff »psychologischer Vertrag« gemeint? Ganz sicher nicht die Bequemlichkeitsformel: »Du mußt mich nehmen, wie ich bin!« Bis auf den heutigen Tag gibt es im amerikanischen Westen und Mittelwesten die altmodische Sitte des Ehevertrages, der sich in kaum einem Punkt auf materielle Inhalte

bezieht. Vielmehr werden die in der religiösen Eheformel enthaltenen Bedeutungen in den Alltag übersetzt und ernst genommen. Die Bereitschaft, zum Gelingen der Gemeinsamkeit beizutragen, einander zu erkennen in guten und schlechten Tagen,
zu helfen, wenn der eine oder der andere nicht mehr die Kraft
hat, ein inneres oder äußeres Hindernis zu überwinden, einander
die Fehler und Irrtümer zu vergeben und um Reifung und Wandel
in Gegenseitigkeit besorgt zu sein, ohne nur das Seine zu wollen,
in Liebe einander zugetan sein – dies und vieles andere sind die
Inhalte solcher altmodischen Verträge. Die Beibehaltung dieser
Sitte wird verständlicher, wenn man allein die unberechenbaren
Naturgewalten dieses Kontinents überdenkt, denen Menschen
jederzeit ausgesetzt sein können. Freilich können solche Verträge die in den Großstädten ansteigende Scheidungsrate, die
auch in anderen Ländern zunimmt, nicht aufhalten, aber vielleicht gerade weil diese Verträge oft einseitig nicht eingehalten
werden, so daß keine Wandlung miteinander mehr möglich ist,
und die Entwicklung ohnehin enden würde. Auch dies hat häufig
mehr gesellschaftliche als persönliche Gründe: so zum Beispiel,
wenn die Frau aus einem falschen Herrschaftsanspruch einseitig
ständig mehr an materiellen Vorteilen fordert und den Mann zum
»Versorger« abstempelt, um ihn auszubeuten. Umgekehrt kann
diese Wirkung auch dann eintreten, wenn der Mann die Versorgerrolle seinerseits überbetont, um einer tieferen Bindung zu
entgehen und der wandelnden Kraft der Liebe auszuweichen,
indem er in die Arbeit oder in Abenteuer flieht, dafür die Frau
aber materiell zu entschädigen versucht. In solcher Einsamkeit
zu zweit ist die Versuchung auf beiden Seiten groß, dem anderen
die Schuld zuzuschieben und damit die vorhandene Ahnung der
ungenutzten Entwicklungsmöglichkeiten und -energie wieder vergessen zu können.

Hinzu kommt häufig in diesem Moment die zunächst völlig
unbewußte Identifizierung mit den eigenen Eltern, die unter-
drückte Furcht, nun werde sich alles wiederholen, was man als
Kind oder Heranwachsender in der Ehe der Eltern erlebt hat.
Anstatt darüber zu sprechen und langsam zu lernen, daß der
Partner aus einer ganz anderen Welt kommt und daher auch eine

andere, neue Einstellung auf seine andersartige Wirklichkeit braucht, entsteht oft ein langanhaltendes, gekränktes Schweigen, in dem sich unausgesprochene Vorwürfe, Enttäuschungen und unterdrückte Anschuldigungen ansammeln. Freilich wird zunächst eine Partnerschaft und ihr Gelingen von dem Bild abhängen, das jeder aus den Erfahrungen an der Ehe und Familie der Eltern mit einbringt. Aber wäre es dann nicht das Einfachste von der Welt, zu sagen: »Also, bei uns zu Hause war das so ... und deshalb hoffe (fürchte) ich, es könnte mit uns genauso werden.« Allein diese Aussage würde sowohl die Neugier des anderen nach dem Wie und Warum wecken wie auch umgekehrt seine Darlegung des von ihm übernommenen Familienstils – nicht Familienromans – ermöglichen. Der Familienroman entsteht aus dem falschen Bedürfnis, Kindheit und Jugend zu verklären, um all den peinvollen Erinnerungen zu entgehen, die man nicht wiederholt sehen möchte. Gerade durch diese Unterdrückung werden aber solche Inhalte vogelfrei und wirken um so mächtiger als Angst aus dem Unbewußten.

Von diesem ersten Schritt aus würde es dann nicht allzu schwer sein, über allerlei besondere Empfindlichkeiten und Befürchtungen zu sprechen, was man glaubt nicht ausstehen zu können, klar zu benennen und den Ursachen solcher Verletzlichkeiten, Unfähigkeiten oder besonderen Erwartungen nachzugehen und am anderen zu lernen, wie einseitig sie mitunter sind oder wie wenig gerechtfertigt. Ich habe mich immer gefragt, warum in der Sprache die Formulierung »Das kann ich nicht ausstehen ...« oder »Das geht mir auf den Wecker ...« und »Dabei gehe ich in die Luft« gebraucht werden, ohne ihrer Bedeutung nachzulauschen. (Es gibt sicher noch bildhaftere, farbigere Formeln des Unerträglichen, aber gerade im Bild wird dann auch der kindliche Gefühlsrest noch deutlicher.) Aus-stehen meint durchhalten, aushalten, ertragen; man kann also entweder weglaufen oder versuchen, das Unleidliche, das einem »auf die Nerven geht«, aggressiv zu beseitigen. Ein typisches Beispiel scheinen jene Menschen zu sein, die Kaugeräusche eines anderen (Gurkensalat, Kartoffelchips, Äpfel usw.) nicht ertragen können (selbst bei geschlossenem Mund des anderen), ohne dabei jeweils an ihre eigene Aggressivität – ihre »Bissigkeit« – zu denken.

Eine der Regeln des Ehevertrages besteht darin, vor jeder Beschuldigung des anderen zunächst sich selbst zu fragen, wo das scheinbar Unerträgliche oder »Auf-die-Nerven-Gehende« jeweils bei einem selbst liegt. Wie häufig bekämpfen wir an den Kindern die eigenen Fehler genauso, wie es unsere Eltern zuvor mit uns machten! Warum sollte das in einer Partnerschaft anders sein, in der ein Partner allzu leicht als Ersatzfigur für Eltern und Geschwister all die Projektionen und den Groll abbekommt, den wir schon immer gegen ein bestimmtes Verhalten eines anderen hatten? Damit treiben wir den anderen oft genau in diese Rolle, damit wir diesen Groll, wenn auch am falschen Objekt, loswerden können. Was wir meist übersehen, ist, daß wir selbst etwas bekämpfen, was wir genau so tun oder was wir am anderen nicht ausstehen können, obwohl wir es bei uns selbst dulden oder übersehen. Dies zweierlei Maß in der Partnerschaft ist so lange ein Risiko, als die Differenz nicht offen ausgesprochen und bearbeitet wird.

Entwicklung

Solange alle diese Inhalte und Schwierigkeiten offen zutage gefördert werden und gemeinsam geklärt werden können, hat die Partnerschaft eine lebendige Entwicklungschance für die Liebe. Es ist eben falsch, daß die Liebe alles zudeckt oder übersieht. In der Ehe spielt die erziehende Liebe eine erhebliche Rolle. Werden die Vorgänge, an denen jeweils der eine oder der andere Anstoß nimmt, unterdrückt und bleiben sie unausgesprochen oder ungehört, so wächst die Schwierigkeit zu lieben mit jedem Tage mehr. An die Stelle der Wirklichkeit, die so scheußlich erscheint und dann mehr und mehr nicht mehr zu ertragen ist – aus Unzufriedenheit oder aus verdecktem Groll, der mit Freundlichkeit

übertüncht wird, auch aus Langeweile –, treten dann Träume und
Phantasien von einem besseren anderen Leben, möglichst mit
einem anderen Partner oder in einer ganz anderen Welt. Diese
Schuldverschiebung und Maskierung durch Flucht in eine geheime Privatwelt ist meist Ausdruck der Verweigerung eigener
Entwicklungsmöglichkeiten. Man möchte gerne so bleiben, wie
man ist, und sich nicht ändern. Das ist in sich schon ein Bruch
des Partnervertrages, der nur echten Bestand haben kann, solange die Möglichkeiten der Wandlung durch gegenseitige Wahrnehmung offenbleiben. Der Dritte steht stets schon am Zaun bereit: oft mit den gleichen Unzufriedenheiten und Ersatzträumen,
die seinen Mangel an Entwicklungsbereitschaft schon im voraus
signalisieren würden, wenn man bereit wäre, hinzusehen. Die
späte Klage, beim Ausbruch aus der Partnerschaft und bei der
Flucht zum Dritten dann vom Regen in die Traufe gekommen zu
sein, ist unberechtigt, denn der Ausgang ist vorhersehbar, solange der eigenen Entwicklungsmöglichkeit nach der anderen
Seite hin ausgewichen wird, um die notwendige Auseinandersetzung mit dem eigenen Partner zu vermeiden, die zur Wandlung hätte führen können. Nur wenn diese am Ausweichen, an
der Verweigerung und der strikten Verneinung des Partners
scheitert – »das ist zuviel verlangt, das kann ich nicht . . . da kann
ich dir nicht mehr folgen . . .« –, wäre die ehrliche Frage erlaubt,
was dann in der Zukunft noch Bestand haben kann. Trennungen
aus diesem Anlaß können eine heilsame Wirkung für geschei-
terte Partner haben, sie müssen es nicht, denn oft bleibt die Entwicklungsverweigerung so verhüllt, daß sie schließlich nur noch
im Körperlichen zum Ausdruck kommen kann, als zunehmende
Starre oder Konfliktkrankheit, die sich auch bei einer Fortsetzung
der unwandelbar gewordenen Partnerschaft ergeben hätte.

Das kritisierte Elend der verhüllten Lebenslüge aus bürger-
licher-konventioneller Rücksichtnahme, die längst gestorbene
Scheinehe abgezirkelter Territorialgrenzen, ist das Ergebnis un-
ausgesprochener Inhalte, die im Schweigen um so hörbarer
werden.

»... Nachts liegen sie gefangen in den Betten,
und stöhnen sacht,
während ihr Traum aus Bett und Kissen Ketten
und Särge macht.
Ob sie nun gehen, sitzen oder liegen,
sie sind zu zweit.
Man sprach sich aus. Man hat sich ausgeschwiegen.
Nun ist es Zeit.«

Erich Kästner: Lyrische Hausapotheke

Schweigen als Waffe gegen den anderen, zur Entwicklungs-
vermeidung eingesetzt, wird für beide Teile zum Gefängnis.
Sexualität kann die Entfremdung nicht mehr überwinden und
alleine die Partnerschaft nicht zusammenhalten. Als logische
Konsequenz zeigt sich dann nicht selten ein Rückfall in puberale
Formen der Selbstliebe: Die Selbstbefriedigungsphantasie ersetzt
den Partner – eine häufige Erscheinung, deren wohlgehütete
Verborgenheit es um so schwerer macht, je die entstandenen
Mißverständnisse einer an falschen Erwartungen gescheiterten
Scheinliebe zu klären.

In einer solchen Entwicklung wird es fraglich, wie weit die
Partnerschaft noch jenem, vom Gesetz vage formulierten, »Wesen der ehelichen Gemeinschaft« entspricht, und welche Motive
es sind, die die äußere Lebensgemeinschaft dann noch zusammenhalten. Obgleich Sexualität vom Altersprozeß bei beiden Geschlechtern kaum begrenzt wird – entgegen falschen Vorstellungen über deren »Angemessenheit« jenseits eines subjektiv
durchaus verschieden bemessenen Alters –, spielt sie keineswegs
die entscheidende Rolle in einer Partnerschaft. Die Fürsorge für-
einander, die Bereitschaft, für den anderen dazusein, die Fähigkeit, mitzuteilen, mitzufühlen, gemeinsam über Raum und Zeit
hinaus und nicht nur im Sexuellen »eines« sein zu können, verdeutlicht, daß die Liebe die Sorge stets miteinschließt, nicht umgekehrt Fürsorge der Liebe gleich wäre, ein Irrtum, durch den
heute oft Versorgung mit Liebe gleichgesetzt und verwechselt
wird. Sicher enthält die Fürsorge einer aufopferungsbereiten

Krankenschwester liebende Zuwendung und Einfühlung in den Kranken, aber sie unterscheidet sich von der personalen Liebe, von »dir und mir«, deren Ebene ein Drittes in gleicher Stärke ausschließt. Die vielen Formen der Liebe in viel weiterem Sinne des Aufgehens und Sich-Aufgebens um einer Aufgabe willen erfüllen einen anderen, besonderen· Aufopferungsbezug, der im religiösen Bereich gleichsam die Antwort des Geschöpfes an den Schöpfer enthält. Die Wahl erfolgt aus dem Bewußtsein, die im eigenen Sein vorgegebene, erlebte Liebe weitergeben und wirken zu lassen, die freilich auch dann nicht als eigenes Verdienst gesehen wird. Auch hier sind Irrtümer und Selbsttäuschungen möglich, wenn die Zuwendung zu anderen etwa der Befriedigung eitler Selbstliebe dient oder Sexualität sich in allerlei verhüllten, unbewußten Ersatzformen vordrängt. Die Korrekturmöglichkeit in der Offenheit zum jeweiligen anderen hin bleibt auch hier die gleiche wie in der personalen Lebensgemeinschaft zweier Partner, weil Begegnungen in Zweierbeziehungen unvermeidlich sind – mit der gleichen Übertragungs- und Projektionsmöglichkeit. Nur kann sich der im fürsorgerischen oder betreuenden Beruf Aufgehende der Bindung entziehen, da von ihm keine Dauer gefordert wird, die in einem die Ebene der Einzelbeziehung übergreifenden Prinzip eingeschlossen ist.

Widerstände

Nun ist in der Durchschnittspartnerschaft die Entwicklung der Fähigkeit zu lieben keineswegs so ideal, daß alles gleich mit Siebenmeilenstiefeln vorangehen würde und erreichbar wäre. Im Gegenteil, Partnerschaften ähneln im Prozeßverlauf der verschiedenen, hier geschilderten Entwicklungsstufen eher dem Symbol der Echternacher Springprozession, die eine mittelalterliche Weisheit vom Lebensablauf ohne Worte für jedermann verständlich und nachvollziehbar zum Ausdruck bringt: drei Schritte vor –

zwei Schritte zurück – drei Schritte vor usw. Es wäre verhängnisvoll, das Ausmaß des Widerstandes zu unterschätzen, der in
jeder Partnerschaft gegen die Liebe gerichtet ist. Die Angst vor
Verlust der eigenen »Position« – im Sexuellen die Angst vor
Hingabe (»den Kopf verlieren«) – sorgt dafür, daß die Selbstliebe
gewaltige Hindernisse aufbaut.

Ein beliebtes Ehespiel gegenüber bestimmten Verhaltensweisen ist der Rückgriff auf die in Zweifel gezogene Erbmasse,
freilich stets der Familie des anderen: »Sieh sie dir doch an,
deine Tante Emma oder den blöden Onkel Emil, sie sind doch
alle verrückt – genau wie du« (... haben nichts zustande gebracht ... sind genauso dickköpfig ... eigensinnig ... stur ...
unzuverlässig ... usw.). Die Retourkutsche, meist heftiger wegen
der schwer zu ertragenden Kränkung, bleibt nicht aus: »Na, von
deinen komischen Heinis wollen wir gar nicht erst reden...«
Deine Familie – meine Familie (Deine Tante, meine Tante ist ein
Kartenspiel) wird als territoriale Abwehr gegen Veränderung benutzt. Eigentlich müßten Partner, die sich in ein solches Ehe-
gefecht begeben, nach einem erstaunten kurzen Schweigen miteinander in schallendes Gelächter ausbrechen können über die
komische Idee, gegenseitige Schwierigkeiten nach außen ver-
schieben zu wollen, anstatt sie ehrlich miteinander zu lösen.
Denn selbst wenn die Verwandtschaft einige Fehler und Schwächen aufzuweisen hätte, berechtigt das noch lange nicht zum
Mittel der »Sippenhaft«. Leider reagieren die meisten Partner
gekränkt und beleidigt, weniger wegen der auf diese Weise als
Waffe benutzten Familiengeschichte, sondern mehr wegen der
darin enthaltenen Depersonalisierung. Der andere wird zur Un-
Person, zum Träger einer »Erbmasse«, die sich nicht genauer
bestimmen läßt, und damit geht die eigentliche, persönliche direkte Beziehung verloren. Die Abwehrform der Projektion, ein
aus der Phase der Reinlichkeitsgewöhnung stammender, seelischer Mechanismus, soll einem kindlichen Selbstschutz dienen.
Man hofft, durch Verlagerung nach außen, auf den anderen und
seine Familie, der Einsicht zu entgehen, daß man selbst genau
das zu tun versucht, was man dem anderen vorwerfen möchte,
nämlich so unveränderbar wie möglich zu bleiben. Dazu muß die

»Erbmasse« herhalten, denn an einer »Anlage« kann man vermeintlich genausowenig ändern wie an der Farbe der Augen. Abwehr ist dies deshalb, weil es darum geht, das eigene Selbstbild zu retten und die schmerzliche Einsicht zu vermeiden, daß dieses nicht mit jener Wirklichkeit übereinstimmt, die der andere wahrnimmt, die man selbst aber nicht wahrhaben und auch nicht wahrnehmen will, wenn sie vom anderen auch noch so friedlich als neue Lernmöglichkeit angeboten würde. Liebe lebt aber vom Einräumen- und Sich-offenbaren-Können. Verhüllung, Flucht und Verleugnen machen den Kampf um die Erhaltung des idealisierten, aber falschen Selbstbildes nur verzweifelter und aussichtsloser. Schließlich läuft es darauf hinaus, daß jeder sowohl dem anderen als auch vor allem sich selbst nachweisen muß, daß er doch »der bessere Mensch« ist, ein durchaus zweifelhafter Triumph: denn wie kommt man von diesem Podest wieder herunter, vor allem, wenn etwa halbwüchsige Kinder als Verbündete kräftig an solchen Monumenten zu rütteln beginnen? Ein Ehemann ist weder ein Teufel noch ein Zauberer oder Heiliger, genauso wie eine Ehefrau weder eine Hexe noch eine Fee ist. Vielmehr handelt es sich bei solchen Sichtweisen darum, daß wir mit dem Gut und Böse in der eigenen Brust nicht umgehen können und den bösen Anteil leicht auf den anderen projizieren. Zur Liebe gehört, daß man in sich selbst die Fähigkeit zum Haß und zum Bösen wahrnehmen und anerkennen muß.

Lernprozeß

Wandlung bedarf eines Entschlusses und einer Entscheidung, die uns niemand abnehmen kann. Nur das Bekenntnis zu sich selbst, die, wenn auch gewiß vorsichtige, Annahme der vom anderen angebotenen Korrekturen des eigenen Selbstbildes hilft aus dieser peinvollen Klemme heraus. Das umfaßt die Bereitschaft, Gefühle offen und klar auszusprechen, ohne die Absicht, den anderen dadurch treffen, verletzen oder sich rächen zu wollen. Das ist keineswegs leicht und bedarf der Überwindung von Angst wie auch einer Verringerung des Mißtrauens gegenüber dem anderen. Vertrauen nähert, Mißtrauen entfernt – manchmal so weit, daß es keine Brücke mehr gibt, die das eigene aufgestaute Mißtrauen überwinden könnte. Aber solange wir nicht die Ursachen und Quellen des Mißtrauens mit dem Mut zur Konfrontation und zum möglichen Konflikt aufspüren wollen (Konflikt ist in sich keineswegs etwas »Schlechtes«), gibt es auch keine Chance zur Wirklichkeitskontrolle. Erst die Klärung der Wirklichkeit könnte uns helfen zu erkennen, ob das trennende Mißtrauen in uns selbst begründet liegt (etwa in früheren Erfahrungen) oder durch Handlungen des Partners zustande kommt, die er zu verbergen wünscht. Eine solche Bestandsaufnahme könnte dann auch zutage bringen, wie und wo der Partner Mängel oder Unzufriedenheiten erlebt, die er zuvor nicht auszusprechen wagte, die ihn aber auf die Dauer davontreiben würden, wenn sie ungeklärt und unverändert bestehen blieben. Es ist also keineswegs immer so einfach, daß die Begründung für Mißtrauen nur auf den Partner verschoben werden kann, weil gerade hier die Regel gilt, daß man leicht über dem Splitter im Auge des anderen den Balken im eigenen übersieht.

Es ist für die meisten Menschen eine empfindliche Kränkung ihres Selbstwertgefühles, wenn ihnen jemand sagt, daß sie stinken. Niemand kann den eigenen Körpergeruch voll wahrnehmen. Wie bedeutungsvoll der Geruchsinn in menschlichen Beziehungen ist, zeigt sich in der auf die seelische Ebene übertragenen Redewendungen: »Ich kann den Kerl nicht riechen.« Es ist falsche Rücksichtnahme, wenn Lebenspartner nicht ehrlich miteinander sind und nie offen darüber sprechen, was sie am anderen stört, und sei es auch zunächst noch so peinlich. Virginia Johnson, Forschungspartner von Masters, hat das sehr klar auch für den sexuellen Bereich zum Ausdruck gebracht: »Eine Frau, die Schwierigkeiten mit dem Orgasmus hat und ihrem Partner nicht zumindest klar zu erkennen gibt, daß sie Hilfe braucht, soll sich nicht beklagen. Es wäre ein Vergehen, den Partner dafür zu beschuldigen.« Gegenseitige Verständigung, klares Aussprechen, was »zwischen« beiden Partnern unklar ist oder geschah (Kommunikation – »kommunizieren«), ohne Angst vor Peinlichkeit, Blöße oder Schwäche, ist eine Grundbedingung für Intimität. Freilich bedarf sie voller Gegenseitigkeit.

Eine junge, sehr anziehende Ehefrau überrascht in ausgelassener Stimmung ihren Mann, als sie unbekleidet aus dem Badezimmer von der Dusche kommt. Der angezogene Ehemann verkennt die Lage völlig, begreift die Verwundbarkeit dieser erotischen, jedoch nicht sexuellen Situation überhaupt nicht und schnippt nur verächtlich mit seinem Zeigefinger gegen ihre Brust, sich mit der Bemerkung abwendend: »Zieh dir gefälligst was an!« Zurückgeworfen in diese peinliche Isolation, begreift die Frau das völlige Unverständnis des Mannes für zwanglose, liebende Offenheit. Sie versucht, sein Mißverständnis zu klären, und betont, daß sie nicht sexuelle Leistung von ihm erwartet habe, sondern Schutz, Wärme, Geborgenheit und annehmende Liebe, keineswegs aber Sexualverkehr. Er beharrt auf seiner Wahrnehmung, daß sie ihn habe verführen und »ins Bett zerren wollen«. Die Ehe scheitert wenige Jahre später schließlich daran, daß der Mann zwanghaft in immer neue, flüchtige, rein sexuelle Beziehungen ausweicht. Er kann die Liebe der Frau weder begreifen noch sich zu jener unbefangenen Freiheit erotischer Liebe durchringen, da er in seinem sexuellen Leistungs- und Überlegenheitszwang verharrt und die Entwicklung zu größerer Offenheit verweigert.

Wie sehr die Liebe ein Lernprozeß ist, der sich über viele Jahre hinziehen kann, wird vielleicht am ehesten daran sichtbar, wie hartnäckige Widerstände manchmal durch gewaltsamen Ausbruch oder Fluchtversuche erst bewußt werden, dann aber ein jähes Erschrecken über die Dauer der Verleugnung und die versäumten Gelegenheiten auslösen. Es ist zwar modern und scheint aufgeklärt und großzügig, Ehebruch zu propagieren, man wird aber nicht in den Irrtum verfallen dürfen, daß es sich dabei stets um einen heilsamen Vorgang handeln würde, wie manche Sexualneurotiker glauben.

Ein vierzigjähriger Geschäftsmann, Vater von drei Kindern, seit fünfzehn Jahren mit einer um vier Jahre jüngeren Frau scheinbar glücklich verheiratet, gerät in den Sog einer Phantasie, die ihm Gruppensex und Frauentausch als Ausweg aus der ihm nicht voll bewußt werdenden Krise seiner mittleren Lebensjahre erscheinen läßt. Schließlich bespricht er den Inhalt seiner Phantasie und seinen immer heftiger werdenden Wunsch mit seiner Frau. Sie lehnt nicht rundweg ab, sondern versucht, auf die Phantasie einzugehen, und fragt ihn, was daran so besonders reizvoll sei. Aber das Gespräch versandet, weil er darauf keine rechte Antwort weiß und selbst seine Phantasie gerne im unklaren lassen möchte. Der Mann geht schließlich ohne seine Frau nach längerem Briefwechsel eine Beziehung zu zwei »Paaren« ein, die sich durch Anzeige für »neue Erlebnisweisen« angepriesen haben. Mitten in der sexuell technisierten Atmosphäre des »Gruppensex« taucht in ihm die Erinnerung an eine Pubertätsszene auf, in der er mit gleichaltrigen Jungen und Mädchen in einer Scheune gegenseitig masturbierte. Er bricht jäh auf, zum Erschrecken und zur Überraschung der als »bisexuell« annoncierten Gruppenpartner, erleidet aber auf dem Heimweg einen schweren Verkehrsunfall, der ihn zu einem mehrwöchigen Krankenhausaufenthalt zwingt.

Erst nach diesem Erlebnis begreift er voll, in welch kindlich puberaler Weise er sein Verhältnis zu seiner Frau als überwiegend sexuell gesehen hat und in welchem Ausmaß er dadurch seine Frau und seine Familie vernachlässigte, stets Arbeit vorschützend, um sich selbst auszuweichen. In langen Aussprachen befreit ihn seine Frau von den quälenden Selbstvorwürfen und seiner Depression mit dem sanften Hinweis, daß sie ja beide noch mindestens ein weiteres Drittel ihres Lebens vor sich hätten. Das war der Beginn einer schwierigen, aber fortschreitenden Wandlung. Ich habe diesen Lernprozeß über die Dauer weiterer fünfzehn Jahre aus einiger Entfernung verfolgen können, auch einige der durchaus schmerzlichen Widerstände, Rückfallversuche und schließlich die Selbstüberwindung. Dieser Mann hatte das seltene Glück, eine Partnerin zu haben, die in der eigenen Familie als Kind und Heranwachsende viele Krisen in einer sonst durchaus glücklichen, offenen Ehe ihrer Eltern erlebt hatte, wobei ihr niemals irgendeine Spannung von den Eltern verheimlicht wurde.

Konflikt und Krise erschienen ihr von daher als notwendiges Ereignis im Entwicklungsprozeß einer Ehe. Sie liebte ihren Mann und sah seinen Versuch, Entwicklung zu vermeiden, in voller Klarheit. Aber sie wußte auch, daß Vorwürfe seine viel tiefer liegenden Schuldgefühle nur verstärken und damit jeden gesunden Entwicklungsschritt unmöglich machen würden. Auch verleugnete sie nicht eigene Schwächen, was es dem Manne erleichterte, die seinen zu offenbaren und sich selbst einzugestehen, ohne befürchten zu müssen, deshalb weniger geliebt zu werden. Die innere Erschütterung erlaubte es ihm nicht mehr, seine Tränen zu unterdrücken, aber seiner Frau wäre es nicht eingefallen, seine Verzweiflung für sich auszunutzen.

Es klingt wie im Märchen: sie leben heute noch, und Freunde nennen sie seit einigen Jahren »das verrückte Liebespaar«, aber nur wenige wissen, was vor etwa zwanzig Jahren in einer anderen Stadt geschah. Beide aber sind wohl überzeugt, daß erst in jenem Augenblick ihre wirkliche Liebe begann.

Entgegen allen mißverstandenen, gewiß aus berechtigtem Aufbegehren gegen die vielfach gedankenlose Lieblosigkeit des Mannes verstärkten Emanzipationsbewegungen scheint sich zu bewahrheiten, daß eine Ehe wenig Chancen hat, wenn die Frau sie nicht halten kann. Nicht nur bei John Steinbeck findet sich der vielleicht häretische Hinweis auf Adams erste Begegnung mit Lilith, der Urmutter, bevor er auf Eva trifft. Harriet Lerner, eine junge Psychologin, hat kürzlich in kluger Weise dargelegt, wieviel länger Knaben das ursprüngliche, zwiespältige innere Erlebnisbild der früheren Beziehung zur Mutter auch noch als erwachsene Männer unbewußt aufrechterhalten und dadurch die eigene Entwicklung erschweren. Das macht es für Männer häufig schwierig, sich den eigenen »schwachen« Gefühlen und ihrem Anlehnungsbedürfnis zu stellen, obgleich die größere Empfindlichkeit des Mannes, seine Kränkbarkeit und seine Verletzbarkeit ständig offenbar werden, auch wenn sie hinter der vermeintlich harten Schale sorgsam getarnt sind. (Aussage von 65 Prozent aller Männer in Führungspositionen auf die Frage, ob sie gelegentlich weinen würden und könnten: »Nur im Kino oder im Theater, wenn es dunkel ist. Manchmal könnte ich dann aber Rotz und Wasser heu-

len, aber ich habe immer Angst, das Licht geht an . . .«) Die gleichen Personen antworten zu 75 Prozent auf die Frage, mit wem
sie über ihre persönlichen Probleme sprechen können, mit: »Niemand. Meine Frau ist entweder nicht da, hört nicht hin oder versteht mich nicht, oder sie will über ihre eigenen Probleme reden;
und mein Hund rennt entweder weg oder leckt mir die Hand . . .«

Der Ruf nach Freiheit und Befreiung scheint der Unfähigkeit
zu entstammen, zunächst das Naheliegende zu versuchen, nämlich den Mann in jeder Frau zu befreien, aber ebenso auch die
Frau in jedem Manne. Schließlich stammen beide Geschlechter
von Vater und Mutter ab, so daß sie trotz äußerer Geschlechts-
merkmale in der Substanz beide Elemente enthalten. Die Unterentwicklung der Gefühlswelt des Mannes beruht oft darauf, daß
ihm die »heroische« Rollenverpflichtung der Steinzeitpsychologie
nicht erlaubt, seine »weibliche« Seite anzunehmen und so weit
zu entwickeln, daß er schließlich der Frau die vermeintlich »männliche« Seite und deren Entwicklung zugestehen kann, frei von
der Angst, eine ohnehin nur pseudo-patriarchale Dominanz zu
verlieren. Viele Männer sind erstaunt und oft erschrocken über
die Intuition und das Gespür von Frauen. Dies kennzeichnet die
eigene unentwickelte Gefühlsseite und die mangelnde Intuition.
Man wird aber nicht behaupten können, daß Männer nicht fähig
seien, die gleiche Fähigkeit zu entwickeln, wie es umgekehrt
töricht wäre, anzunehmen, daß Frauen nicht die gleichen Ver-
standes- und Geisteskräfte entwickeln könnten wie jeder Mann.

Ohne unerlaubte Vergleiche mit der Tierverhaltensforschung
(Ethologie) zu ziehen: Andere Lebewesen scheinen in der Rol-
lenverteilung – wenn auch aus anderen Gründen – »emanzi-
pierter«. Margaret Mead hat mit Recht vor einer falschen Richtung
der Emanzipationsbewegung gewarnt, die in Widerspruch zu
einem Lebensprinzip geraten könnte, das bis jetzt menschliches
Verhalten erst ermöglichte – zur Liebe.

5. Kapitel
Wandlung
durch Entscheidung

*»Uns ist das Bewußtsein der Sünde gegen die Liebe
abhanden gekommen. Es ist modern und aufgeklärt, ohne Gott
zu leben und sich seinen Gott selber zu machen, weil wir
glauben, alle seine Geheimnisse mit wissenschaftlicher Akribie
durchschauen und nachahmen zu können. Doch es bleibt
die Schwierigkeit, die sich mit keinem dieser Mittel lösen läßt,
weil sie nur uns fordert, dich und mich: den Nächsten zu lieben
wie uns selbst, in der Gewißheit, daß wir sterben müssen.«*

Primitive Impulse

Wandlung im Sinne vorwärtsschreitender Entwicklung geschieht nicht durch eine einzige große Erleuchtung, die mit einem Schlage alles klärt. Der Weg zur Hölle ist mit guten Vorsätzen gepflastert und mit der falschen Erwartung, eine plötzliche Wendung bringe die Lösung. Schuldgefühle zu haben ist leicht. Es kommt darauf an, was aus ihnen wird und welche Konsequenzen daraus gezogen werden. Liebe ist der Versuch, die eigene Person zu wandeln, nicht die des anderen. Es gibt keinen anderen Weg, den anderen zu ändern. Die häufigste Klage in Partnerschaften bezieht sich auf diesen Sachverhalt: »Wenn er/sie sich doch nur ändern könnte!« Schließlich in der Verallgemeinerung: »Wenn man doch nur die Menschen ändern könnte!« Man kann!

So groß unsere Zweifel auch sein mögen, wie viele Steinzeitimpulse auch immer noch unser Zusammenleben bestimmen, die Erde hätte sich nicht in so unvorstellbarer Weise bevölkert, daß wir eine Überbevölkerung befürchten müßten, hätten wir uns seit der Steinzeit nicht geändert. Das schließt nicht aus, daß gleichartige Vernichtungs- und Beseitigungsphantasien immer wieder aus der alten »paranoiden Strähne« (Koestler) unseres Stammhirns durchbrechen können. Atombomben unterscheiden sich nur hinsichtlich der möglichen Anzahl der Getöteten von der Steinzeitkeule, der Impuls ist der gleiche, wenn auch durch Motivationen der viel später entwickelten Großhirnrinde mit rationalen Begründungen scheinbar entschuldigt, zur Verbrämung des primitiven Impulses. Er wird dadurch nicht besser gerechtfertigt.

Über diese Lücke zwischen den intellektuellen Einsichtsmöglichkeiten und der Dranghaftigkeit unterentwickelten Gefühlserlebens versuchen sich die technischen Zivilisationen hinwegzutäuschen. Der unbefangene Laie ist meist überrascht zu erfahren, daß der höchste Prozentsatz an Gewaltverbrechen (Mord und

Totschlag) sich zwischen Menschen ereignet, die einander gut – zu gut – kennen und miteinander leben. Er wird ebenso heftig leugnen, in seiner glücklichen Ehe jemals Todeswünsche oder Mordimpulse gehabt zu haben. Dennoch ist der laut oder nur innen aufkeimende Wutgedanke:»Den Kerl (die blöde Ziege) könnte ich umbringen« ein nicht ungewöhnlicher Impuls, den wir allzu schnell verleugnen, um ihn hinterher nie mehr wahrhaben zu wollen. Er wird vergessen, aber damit ist er auch frei für jede unkontrollierte Wiederkehr.

Es gab Mitte des letzten Jahrzehntes eine Welle des Schwarzen Humors, dessen makabre Witze und Karikaturen eben diesen Sachverhalt lauernder Mordgedanken widerspiegelten. Diese Form des Humors wurde von allen heftig abgewehrt und als geschmacklos bezeichnet, die sich selbst solche Regungen nicht zugeben konnten, weil allein der Gedanke daran so bedrohlich erschien, daß nicht sein konnte, was nicht sein durfte. Menschen, die sich zumindest die Möglichkeit zugeben konnten, verschaffte diese Art von Humor eine entlastende Befreiung. Der Witz überlistet im allgemeinen das Über-Ich (Gewissenskontrolle) mit der erheiternden Versicherung, daß schließlich nicht alles so heiß gegessen wie es gekocht wird. Es wäre eine Verleugnung des Gegensatzes der Liebe, wenn man die Möglichkeit des Hasses ausschließen würde. Erst durch diese Gegenseite entsteht das Bewußtsein, wie kostbar eine Liebesbeziehung sein kann.

Auf eine Umfrage, welches der Mensch sei, den sie im Leben am meisten brauchten, antworteten im Jahre 1956 von 2000 Ehepaaren nur etwa 25 Prozent: mein Ehepartner. Während dieser geringere Prozentsatz von Ehepaaren überzeugt war, daß ein Leben ohne die Gemeinsamkeit mit dem Partner nicht genügend Entwicklungs- und Befriedigungsmöglichkeiten biete, erschien einem fast ebenso großen Prozentsatz der Partner als Hindernis in der eigenen Entwicklung. Bedenklicher erschien jedoch, daß der höchste Anteil durchschnittlich bei Antworten lag wie:»Ja, auch, zur Versorgung des Haushalts und der Kinder und so«, oder:»Ja, sonst wüßte ich nicht, wie ich mit den Kindern durchkommen sollte«, und:»Wir kommen wirklich zu selten dazu, miteinander zu reden, es ist immer zuviel zu tun.« Der Gesamteindruck dieser Antworten bestätigte, daß untergründig zwar eine Art Mangel oder Lücke empfunden wurde, die aber ohne formulierte Vorgabe nicht klar beschrieben werden konnte. Vielmehr wurde ein Bereich der Leere sichtbar, der im Drang der Erfüllung alltäglicher Notwendigkeiten und Pflichten nicht mehr voll vom Bewußtsein registriert wurde, da das Zusammenleben überwiegend von den funktionalen Grenzen der Arbeitsteilung bestimmt wurde, während die persönliche Beziehung zur Gewohnheit ohne Überraschungen eingeebnet war. Unzufriedenheit und Differenzen konnten nur an jeweils scheinbar von außen her veranlaßten Ereignissen zum Ausdruck gebracht werden, an denen sie sozusagen »aufgehängt« wurden.

Diese Verlagerung nach außen (Externalisierung) ist ein keineswegs ungewöhnlicher Abwehrvorgang, der damit zusammenhängt, daß eine das eigene Verhalten und die Art und Weise der Partnerschaft bewußt reflektierende Haltung oft kaum erreicht wird. Das hängt auch damit zusammen, daß die seelische Struktur dessen, was wir als »Ich« bezeichnen, und seine Verwirklichung in dem, was wir als »Selbst« erleben (Ich-selbst), ein entwicklungsgeschichtlich sehr spätes Ergebnis ist. Die Überlagerung der älteren, instinktiven Impulse und Reaktionen durch eine diese im Hinblick auf die Wirklichkeit kontrollierende Funktion sowie die damit in Zusammenhang stehende Fähigkeit zu planenden und wechselnde Folgewirkungen im voraus erkennenden Willensvorstellungen ist so störanfällig, daß sie durch die älteren, biologisch stärkeren, durchbrechenden Impulse und Triebbedürfnisse jederzeit überwältigt und ausgeschaltet werden kann. (Ein klassisches Beispiel ist die Ausschaltung der kontrollierenden Funktionen durch Alkohol.) Hinzu kommt, daß die meisten Erziehungssysteme wenig über die Verankerung des Funktionsschemas Lohn–Strafe hinausgekommen sind, dieses aber hauptsächlich zur Anpassung an jene gesellschaftlichen Normen benutzen, durch die als gefährlich erlebte oder erklärte Triebimpulse reguliert werden sollen. Der möglicherweise viel weiter zu entwickelnde Bewußtseinsgrad bleibt daher oft auf der kindlichen Vorstufe von Gut und Böse stecken. Gut ist dann nur, was mehr Befriedigung und Erfüllung verschafft, und böse ist alles, wodurch solche Erfüllung verweigert oder behindert werden könnte.

Wir stehen erst in den Anfängen der Erkenntnis, in welchem Ausmaß die frühen Objektbeziehungen (das sind die Gesamtheit der Gefühlsbeziehungen und die inneren Abbilder von Personen, Handlungsweisen und Atmosphäre der Umgebung des Kleinkindes, von denen spätere Wahrnehmungen und Einstellungen beeinflußt werden) die Fähigkeit zu lieben auf lange Strecken der ersten Lebensjahre bis zur Krise des mittleren Lebensalters (35 bis 45 Jahre) bestimmen. Dabei haben die bisher gültigen und vielfach mißverstandenen Vorstellungen von einer bereits früh geprägten Charakterstruktur, die weitgehend unveränderbar sei, eine fatale Wirkung auf Partnerschaften, in denen sich die Beteiligten allzu leicht auf solche vermeintlichen Erkenntnisse der Wissenschaft berufen, denn in den Wissenschaftszweigen der Psychologie und Soziologie gilt die Formel des Physikers Heisenberg nicht weniger, daß das Ergebnis einer Beobachtung dem Beobachter bereits vorgegeben sei. Das läßt uns leicht übersehen, was wir nur deswegen für unmöglich halten, weil die eigene Wahrnehmungsfähigkeit in Annahmen befangen bleibt, die wir für uns selbst als zutreffend ansehen und irrtümlicherweise dann daraus schließen, daß dies für andere ebenso zutreffen müsse. Hinzu kommt, daß wir uns im Umgang mit uns selbst und anderen in einem Dilemma befinden, das nur schwer lösbar ist: Die von den Verstandesfunktionen aufgenommene und bearbeitete Wahrnehmung wird durch eben diese »Bearbeitung« (Reflexion) der direkten Erlebnissphäre entzogen. Das Erlebnis ist also gleichsam doppelt vorhanden, nämlich auf der Ebene der direkten Erfahrung, die im emotionalen und instinktiven Bereich liegt, und gleichzeitig davon entrückt auf der Ebene der diesen Vorgang reflektierenden Verstandesfunktionen. Während wir auf der letzteren nach Worten und Begriffen suchen, die das Erleben erfassen könnten, geschieht es gleichzeitig auf der ersteren und und läßt uns sprachlos. Auch hier wird die entwicklungsgeschichtlich bedingte Differenz zwischen unmittelbarer Sinneserfassung und der späteren, vermittelnden Einordnung dieser Erfahrungen in ein die Erfahrungsprinzipien spaltendes und auf Abruf bereit-

stellendes System erkennbar. So ist sexuelles Erleben eine unmittelbare Sinneserfahrung der Liebe, für die wir erst auf einer weiteren Stufe Worte finden, die dieses Erleben beschreiben und
mit anderen, unmittelbaren Erfahrungen der Liebe verbinden
können, deren Verankerung und Bereitstellung vorausgegan-
gener Erfahrungen wiederum Phantasie, Begehren und Wunsch
nach Wiederholung beleben.

Wahrnehmung der Wirklichkeit

Gerade weil das Erleben des Alltäglichen unvermeidlich mit
unlustvollen Versagungen, Enttäuschungen und Aufschubforde-
rungen verbunden ist, die eine sofortige Befriedigung aufkom-
mender Triebwünsche, keineswegs nur sexueller Art, unmöglich
erscheinen lassen, bildet sich eine unbestimmte Unzufriedenheit
aus, die nach dem Gegengewicht befriedigender Erlebnisse verlangt. Ein berufstätiger Mann, dessen Tag mit einer Reihe ungewöhnlicher Versagungserlebnisse (Frustrationen) verbunden war,
wird nicht ohne weiteres in der Lage sein, gleichsam an einer
zweiten Front bei der Heimkehr erneute Versagungskämpfe aus-
zufechten. Vielmehr will er die Rüstung ablegen können, ohne
befürchten zu müssen, dadurch verwundbarer und durch unerwarteten Angriff überrascht zu werden. Umgekehrt wird eine Frau,
die den Tag im Kleinkrieg mit unberechenbaren Kindern, Ein-
kaufsärger, Wäsche und Hausarbeit verbracht hat, einer Ermu-
tigung bedürfen und genauso verwundbar sein, wenn statt dessen
neue, zusätzliche Forderungen des Mannes, gleichsam wie von
einem weiteren Kinde, an sie gestellt werden. Allein die Logik
würde verlangen, daß beide Partner aus dieser Einsicht des unweigerlich aufeinander Angewiesenseins sich bemühen, zueinander zu finden, um die Last zu teilen, die jeder zu tragen hat.

Leider gehorchen dieser Logik die aufgestauten, frustrierten Impulse keineswegs, solange Liebe nicht erlernt, sondern als ein freies »Geschenk des Himmels« erwartet wird – meist ausschließlich vom anderen.

Ein achtundvierzigjähriger Mann findet sich nach zweiundzwanzigjähriger Ehe in folgender Situation: Eine neu übernommene Tätigkeit erfordert Überstunden, so daß er selten vor 20 Uhr nach Hause zurückkehren kann. Er findet Frau und Kinder regelmäßig vor dem Fernsehapparat und wird freundlich aufgefordert, sich das Abendessen selbst in der Küche zuzubereiten, da das Fernsehprogramm gerade so interessant sei. Der Versuch, mit der Ehefrau über seine mißliche Lage zu sprechen, scheitert an ihrem trotzigen Anspruch: »Ich brauche zum Abend auch Entspannung!« Schließlich gibt der Ehemann auf, versteift sich auf seinen eigenen Trotz und ißt in einem Restaurant. Die Ehe bröckelt langsam auseinander. Das »Fernseh-Symptom« ist nur der Schlußstein in einer langen Kette von Mißachtung, verbunden mit Überansprüchlichkeit, die nicht zwischen den Partnern gelöst wird.

Trotzig eigensinnige Beharrung wird man in den frühen Abschnitten einer Ehe erwarten können. Die dabei eingenommenen Drohhaltungen und Abweisungsgebärden erinnern ein wenig an die soziale Hack- und Rangordnung bei manchen Tierarten. Aber worauf beruhen Trotz und Stolz? Bei Maupassant rächt sich die vernachlässigte Ehefrau an ihrem Mann, indem sie sich willentlich fremden Männern anbietet und prostituiert. Ihr Motiv ist Rache, nicht Sexualität.

Trotzige Rache erinnert an die Geschichte des kleinen Knaben, der an der Straßenecke im eiskalten Winter den Vorübergehenden seine blaugefrorenen Hände triumphierend vorzeigt: »Es geschieht meinem Vater ganz recht, wenn ich mir die Finger erfriere – warum kauft er mir keine neuen Handschuhe!?« Er unterschlägt dabei, daß er zum drittenmal selber die Handschuhe verloren hat und der Vater ihm zur Wahl stellte, im Hause zu bleiben oder an den Händen zu frieren. Er unterschlägt auch das Angebot des Vaters, sich neue Handschuhe selbst durch Übernahme von Arbeiten im Hause zu verdienen – ein durchaus liebevolles Lernangebot. Ähnlich steht es um die Trotzreaktion in der Partnerschaft: Der Partner muß zum Sündenbock gestempelt werden, an dem man sich durch Selbstschädigung rächen will, um sich nicht eingestehen zu müssen, daß dieser Trotz Abwehr gegen die Einsicht in eigene Schwächen und Fehler enthält, die man dem anderen nicht einräumen will. Auch hier ist das Ausbrechen aus der Ehe oft nur Verweigerung des Wandels, entstanden aus falschen Vorstellungen über die Liebe und oft genug aus Überansprüchlichkeit. Freilich kann Trotz auch in wütender Aggressivität im wahrsten Sinne des Wortes über Leichen gehen. Der andere soll aus dem Wege geschafft werden, weil er als lebendiger Zeuge allein durch sein Vorhandensein schon zum Mahner der eigenen Verweigerung geworden ist. Die Neigung, auseinanderzulaufen und ohne innere Wandlung den gleichen, vergeblichen Versuch an anderer Stelle neu zu beginnen, ist größer in jüngerem Alter, weil die Zeitstrecke dann noch lang genug erscheint. Werden die falschen und abgestorbenen Selbstbilder und -einschätzungen mitgeschleppt und konserviert, so ändert sich auch in einer neuen Beziehung nichts. Auch Zeit und Handeln werden damit wie in einem Weckglas eingesperrt, während das Leben jenseits dieser gläsernen Wand vorbeizieht – ungreifbar.

Die Wahrnehmung der Wirklichkeit führt unweigerlich zu der Frage: Und wer bin ich? Die Zukunftsalternativen können nur aus dieser Anerkenntnis der Realität des anderen entstehen, die zur Wahrnehmung der eigenen Wirklichkeit führt, über die man sich und andere zuvor täuschte. Wiederum ist es die Angst, die dieses unsinnige Versteckspiel auslöst. Je mehr wir uns in bestimmten Bereichen selbst idealisieren und überschätzen, desto weniger können wir uns in anderen, verborgenen Bezirken so annehmen, wie wir tatsächlich sind. Weil wir uns aber selbst auf eine bestimmte Weise für unannehmbar halten, neigen wir dazu, diese Unannehmbarkeit zu verbergen und den anderen zu täuschen. Das ist deshalb auf die Dauer nicht möglich, weil gerade die Verhüllungstendenz jeden anderen neugierig macht – gewiß nicht in böser Absicht, sondern weil ein ungeklärter, verschlossener Bereich mehr Unsicherheit und Unklarheit in einer Partnerbeziehung bedeutet und mit zunehmender Annäherung nicht mehr aufrechterhalten werden kann. Die meisten Menschen werden in einer Alltagssituation neugierig, wenn sie wahrnehmen, daß an einer auffälligen Stelle etwas verdeckt wird – ein Loch im Stuhl etwa mit einem darüber gelegten Schondeckchen, ein eben verlorener Frontzahn durch die vor den Mund gehaltene Hand. Jedermann weiß, daß die Peinlichkeit eines unerwarteten Mißgeschicks sich erheblich verringert, wenn sich der Betroffene offen dazu bekennen kann – wenn möglich mit Humor. Ich erinnere mich eines peinlichen Momentes, als in einer mit Skiläufern überfüllten Kabinenbergbahn in der Schweiz ein offenbar durch den Höhenwechsel von heftigen Blähungen geplagter dicklicher Mann kurz vor dem Erreichen der Bergstation die willkürliche Kontrolle über seine Darmmuskulatur verlor und mit lautem Donnergetöse Gas abließ. Nach einem Augenblick peinlich betretener Stille krähte er jedoch mit voller Stimme in waschechtem berlinisch: »Is jemand verletzt?!« Unter dem befreit schallenden Gelächter aller Fahrgäste hielt die Kabinenbahn in der Bergstation. Das Gelächter endete auch draußen nicht, eben weil unter der Wirkung des Druckwechsels beim schnellen Höhenanstieg mancher andere Fahrgast mit den gleichen Schwierigkeiten kämpfte, sie aber aus sozialer Rücksicht unterdrückte.

Die offene Erklärung der Schwäche, des Irrtums oder Fehlers eröffnet dann einen Zugang und die Möglichkeit zur Änderung. Der Vollkommenheitsfanatismus (Perfektionswahn) verleitet zu der Vorstellung, man dürfe sich nichts vergeben – eine für die Liebesbeziehung oft lähmende Annahme. Denn natürlich läßt sich das selbstgebastelte Idealbild, das wir anderen anzubieten versuchen, niemals aufrechterhalten, gewiß nicht in der Nähe und Verwundbarkeit offener Partnerschaft und Intimität. Aber es ist nicht eine jähe Erleuchtung oder Erkenntnis, die uns mit einemmal zuteil wird – das geschieht selten und bringt dann meist schwere innere Erschütterungen mit sich. Vielmehr geschieht es uns Schritt für Schritt in dem Ausmaß, in dem wir fähig werden, das falsche Idealbild von uns selbst um der Liebe willen abzubauen und zu korrigieren. Das wird um so schwerer sein, je mehr der einzelne in seiner Selbstliebe (Narzißmus) steckengeblieben ist und fürchtet, aus der Liebe des anderen nicht genug oder weniger Befriedigung zu finden als durch den eigenen Narzißmus. Es ist nicht neu, aber offenbar in der jahrtausendealten Bibelweisheit unverstanden und mißinterpretiert: »Liebe deinen Nächsten wie dich selbst.« Mehr wird gar nicht verlangt; nur das Gleichmaß der gerechten Verteilung anstelle der ungerechten, nur auf sich gerichteten Liebe. Und wer sollte der »Nächste« denn sein, wenn nicht der Mensch, der mit uns lebt in einer Bindung – vorausgesetzt, daß diese Bindung echt ist, auf freiwilliger Gegenseitigkeit, Freiheit zur Wandlung und wirklicher Nähe beruht.

Krisen der Lebensmitte

Manche Männer fürchten sich mehr vor Gefühlsnähe als vor den schrecklichsten Gefahren. Umgekehrt lassen Frauen gerne den Schleier eines letzten Geheimnisses unberührt, weil sie sich ungern bis zu dem tiefsten Grund ihrer selbst sehen möchten. Was wir als Krise der mittleren Lebensjahre bezeichnen, ist die Wandlung einer zuvor bestehenden Identität zu einem andersartigen Selbstverständnis. Heranwachsende Kinder sind ein unerbittliches Zeitmaß. Aber auch in einer Partnerschaft ohne Kinder wird die Notwendigkeit des Einstellungswandels allein dadurch bewußt, daß Kinder von Freunden und Bekannten heranwachsen und das eigene Älterwerden bewußt machen.

Die mittlere Lebenskrise liegt deshalb zwischen 35 und 45 Jahren, weil in diesem Alter eine Konfrontation mit den dann etwa zehn- bis zwanzigjährigen Kindern der Folgegeneration auftritt, in der alle eigenen Kindheits- und Jugenderlebnisse, Hoffnungen wie Enttäuschungen wiederbelebt und unbewußt verglichen werden. Man kann ohne Risiko voraussagen, daß die meisten Partnerschaften dann in eine Krise geraten, wenn das letzte Kind die Reifungsjahre erreicht und beginnt, eigene Wege zu gehen. Ist die Partnerschaft nicht lange zuvor darauf eingestellt, daß beide Partner unweigerlich wieder aufeinander zurückfallen wie am Anfang, so wird es schwierig, neue Liebe auf einer ganz anderen Alters- und Bewußtseinsstufe zu erlernen. Tatsächlich fallen Ehen an diesem Punkt oft leicht auseinander, weil die Frau in der Mutterrolle verharren möchte, keine eigenen Initiativen und Pläne für ihr Leben entwickelt und in eine zunehmende Verlustdepression hineingerät. Dies treibt den Mann dann häufig zur Flucht in Mehrarbeit, weil er die Lähmung der Frau als gefährliche Ansteckungsmöglichkeit für sich empfindet, besonders wenn er im Grunde keinen rechten Sinn in seiner Überarbeitung sieht, wenig Erfolg oder Befriedigung dadurch erfährt und schließlich, ohne es sich selbst zuzugeben, hauptsächlich Zeit auszufüllen versucht, weil er sich einerseits vor der Leere und andererseits vor der Rückkehr in die deprimierende häusliche Situation fürchtet.

Was in diesem Entwicklungsgefälle für beide Partner notwendig wäre, ist eine rechtzeitige, nüchtern wirklichkeitsnahe Bestandsaufnahme: Wo sind wir angekommen? Was bleibt? Wie müssen wir uns ändern, um miteinander und nicht neben- oder gegeneinander zu leben? Die neuerlich ansteigende Scheidungsrate gegen Ende des mittleren Lebensalters und im Übergang zu späteren Phasen der Entwicklung beruht meist auf diesem Mangel an Vorbereitung; aber ebenso sind nicht nur psycho-somatische Krankheiten, sondern wahrscheinlich auch viele organische Krankheitserscheinungen weniger auf frühe Abnutzungsvorgänge oder Alterungsprozesse zurückzuführen, sondern eher darauf, daß die Summe der Verlusterlebnisse, enttäuschten Hoffnungen und die Gefühle des resignierten Aufgebens plötzlich im ganzen an dieser Stelle des Lebens ansteigt. Während der Mann sich unter Umständen Angeboten und Zielen gegenüber sieht, die er zuvor in kühnsten Träumen nicht zu erhoffen gewagt hätte, erlebt die Frau gerade dadurch mehr Entfremdung, Einsamkeit und Verlassensein in einem Augenblick, in dem sie unbewußt auf die helfende Nähe des Partners zur Überwindung der eigenen Krise hoffte. Dabei ist es viel weniger eine Frage der Zeit als eine Frage der Intensität und Echtheit der Beziehung. Viele Frauen würden leichter mit dieser kritischen Situation fertig, sofern sie sich selbst nicht rechtzeitig vorbereitet haben, wenn die Nähe des Mannes an Intensität zunehmen würde.

Es ist nicht die Alternative Karriere oder Familie. Der Verzicht oder die Unlösbarkeit des Konfliktes, wenn er so wahrgenommen wird, kann dem Manne nicht nur Magengeschwüre oder andere »von innen nagende« Krankheiten einbringen. Wir wissen noch zu wenig über die Auslösungsfaktoren des Herzinfarktes, obgleich der gefährdete Typ A in seinen Einstellungen und Gewohnheiten recht genau bekannt ist, durch die er sich selbst zum Infarktkandidaten macht. Dies scheint jedoch in weitaus größerem Ausmaß mit der Dynamik der Ehesituation zusammenzuhängen als nur mit beruflichen Belastungen. Sicher ist jedoch – wenn das Herz von der Allgemeinheit als Ort der Gefühle und das Gehirn als die Quelle des Denkens verstanden und bezeichnet werden –, daß die damit zusamenhängenden lebensgeschichtlichen Vorstellungen eine Wirkung auf die Funktion dieser Organe haben können, besonders wenn Gefühle nicht ausgedrückt zu werden vermögen. Krankheit als wortloses Signal für erlittene »Kränkung«, gegen die nicht aufbegehrt wird, ist keineswegs ungewöhnlich, obwohl noch viele Jahre vergehen werden, bis die Allgemeinheit bereit sein wird anzuerkennen, daß die lebensgeschichtliche Entwicklung der Partnerschaft, das Maß der Liebe und die Schwierigkeit zu lieben, in viel ernsterem Zusammenhang mit vielerlei Krankheiten steht, als dies eine von Allmachtsvorstellungen beherrschte, überwiegend technische Medizin bisher zuzugeben bereit wäre. Es wird sich aber zeigen, daß für Affekte, Gefühle, Stimmungen und Belastungen biochemische Vorgänge ermittelt werden, die durch diese seelischen Faktoren ausgelöst werden, nicht umgekehrt. Auch Ärzte können Schwierigkeiten in der Liebe haben, die sich weder durch Pillen noch Operationen beheben lassen. Wenn sie aber dann den Lebenskonflikten und der enttäuschten Liebeskränkung im Leben ihrer Patienten ohne entsprechende Vorbereitung nachgehen, so könnte es sein, daß sie auf Ähnliches im eigenen Leben und Erleben gestoßen würden, das sie unvorbereitet nicht aushalten. Um dies zu umgehen, ist es dann einfacher für beide Teile, sich auf das Modell funktionsgestörter biochemischer, physiologischer oder anatomischer Mechanismen zu einigen, ein Maschinenmodell, das beiden, Arzt und Patient, dann erlaubt, die Sinnfrage auszuklammern, die nicht mehr zum Metier des modernen Mediziners gehört – im Gegensatz zum alten Arzt.

Gemeinsames Altern

Wenn es gelingt, neue Brücken zu schlagen, um Entfernungen zu überwinden, die sich häufig über Jahre des Kampfes um Existenz und Aufstieg zwischen den Partnern immer weiter ausgedehnt haben, so ist dies mit Sicherheit eine lebensverlängernde Chance für beide, die leider viel zu wenig genutzt wird, weil Kraft und Wirkung seelischer Einflüsse und ungelöster Konflikte sowohl in ihrem positiven, aufbauenden wie auch in den zerstörerischen, möglichen negativen Folgewirkungen, auch auf die Organsysteme, unterschätzt und übersehen werden. Die Areligiosität der Epoche wird daran erkennbar, daß sich die Mehrzahl der Zeitgenossen (einschließlich vieler Ärzte) mehr von der regelmäßigen Einnahme eines Medikamentes verspricht als von einer ehrlichen Bestandsaufnahme und Flurbereinigung der innerseelischen Landschaft.

Der geheimen Phantasie, daß es mit technischen Mitteln eines Tages möglich wäre, das Leben immer weiter zu verlängern, entspricht die Achtlosigkeit und Verleugnung gegenüber dem Tod. Ohne die Anerkennung des Todes werden Lebenspläne sinn- und zeitlos. »Der Schlaf ist der kleine Bruder des Todes«, sagt ein über 2000 Jahre altes chinesisches Sprichwort. Die Bewußtlosigkeit des Schlafes, das völlige Aufgeben jeder Kontrolle des wachen Ich im Schlaf könnte uns täglich darüber belehren, wie gleichmäßig und sanft wir ständig daran erinnert werden, daß dieser Schlaf und der Verlust des Ich eines Tages der letzte Schritt sein werden, auf den wir von Anbeginn an ausgerichtet sind. Das erfordert mehr Ehrlichkeit und offene Direktheit miteinander in jeder Partnerschaft, je näher wir diesem Punkt in unserer Lebensentwicklung kommen. Gewiß, wir lassen uns mitreißen und tragen durch den Lebensstrom der vielen Gelegenheiten: »Es« treibt uns, und wir lassen uns treiben, weil der Steuerungsprozeß, den wir so gut ausgeklügelt hatten, eben keineswegs immer funktioniert und verwirklicht werden kann. Aber ist nicht jede Partnerschaft ein Vertrag, die Lebensstufen gemeinsam zu bewältigen? So jedenfalls sah der Vertrag aus, als die Bedingungen freilich noch völlig andere waren.

Wir vergessen allzu leicht, daß sich die Durchschnittslebenserwartung in hundert bis hundertfünfzig Jahren in den westlichen Kulturen mehr als verdoppelt hat. Hunger, Krankheit und verheerende Epidemien erhöhten in früheren Zeiten die Kindersterblichkeit und die frühe Altersanfälligkeit. Männer wurden in Kriegen getötet, Frauen starben in jungen Jahren am Kindbettfieber oder an von keinem Arzt zu bewältigenden Geburtskomplikationen. Witwer mit drei oder vier aufeinander folgenden Ehen waren keine Seltenheit. Liebe wußte um den möglichen Tod in einer Welt, die wenig Sicherheit und viel geringere Überlebenschancen bot. Wie anders hätte sich die Durchschnittslebenserwartung verdoppeln können ohne die großen Entdeckungen der Medizin und Naturwissenschaften? War aber der Ehevertrag dieser Epochen auf eine so lange Zeitdauer eingestellt? Müssen wir nicht erst lernen, gemeinsam die Spätkrisen des reifen Alters so zu bewältigen, daß wir die Liebe weder verlieren noch sie abstumpfen lassen?

Die wirkliche Einstellung der Gesellschaft zum Altern und zu alten Menschen kann man bislang nur als Altersfurcht (Gerontophobie) bezeichnen. Wir sind weit davon entfernt, dem Alter die Liebe zuzugestehen. Nicht nur in vielen Altersheimen entsteht ein wilder Wirbel der Empörung, wenn zwei Menschen sich offen zu ihrer Liebe oder sogar Sexualität bekennen. Das wird wie ein Skandal betrachtet, so als sei der Mensch jenseits einer bestimmten Altersgrenze nur noch ein Kastrat, eine Art überflüssiger, gesellschaftlicher Abfall, der auf Schutthalden zu deponieren ist wie schrottreife Autos. Als gäbe es keine Erinnerungen, keine Geschichte, keine Möglichkeiten des Zurückblickens, um aus der Vergangenheit zu lernen, so als müsse alles neu sein und alles Alte symbolisiere abbruchsreife Ruinen.

Kinder erliegen auch noch im Erwachsenenalter leicht der Illusion, daß ihre Eltern asexuelle Wesen zu sein hätten, um dadurch der eigenen frühen ödipalen Phantasie und deren späteren Wiederholungen zu entgehen. Es ist typisch für Heranwachsende, daß sie annehmen, die Eltern hätten früher, bevor sie geboren wurden, sexuelle Beziehungen gehabt, heute wäre das aber nicht mehr der Fall.

Die Kluft zwischen den Generationen entsteht aus dem narzißtischen Allmachts- und Größenwahn der jungen Folgegeneration, die überzeugt ist, eine völlig neue Welt selbst erschaffen zu müssen und zu können. Der Anblick des Alters wird dann zur Kränkung für diesen narzißtisch selbstzufriedenen Jugendlichkeitswahn, und deshalb werden Entwicklungen und Möglichkeiten reifender Liebe abgeschnitten, die zur Bewältigung der Einsamkeitsgefühle und Verlassenheitsängste im hohen Alter durchaus notwendig wären.

Der Alterungsprozeß in der Partnerschaft eröffnet die Möglichkeit neuer Einsicht in verbliebene Illusionen und Selbsttäuschungen. Der gemeinsame Rückblick auf miteinander bewältigte Lebenskrisen, ohne den Rückfall in alten Hader, ist vielleicht der schwerste Lernprozeß der Liebe. Ich erinnere mich eines Ehepaares jenseits des 65. Lebensjahres, dessen territoriale Abgrenzung gegeneinander, aus jahrzehntelangen Ehezerwürfnissen entstanden, schließlich so krasse Formen angenommen hatte, daß sie im gemeinsamen Hause völlig getrennt und gleichsam insgeheim gegeneinander lebten. Das kam unter anderem darin zum Ausdruck, daß jeder sein eigenes separates Zeitungsabonnement hatte und keiner die Zeitung des anderen lesen oder berühren und dem im Vorgarten befindlichen Briefkasten entnehmen durfte. Die Nachbarschaft beobachtete, wie mit geregelter Gleichmäßigkeit beide Ehepartner in wechselnder Folge, jedoch stets getrennt voneinander, die eigene Zeitung dort abholten. Im Hause verließ der eine den Raum, wenn der andere ihn betrat. Die Lebensmittel im Eisschrank waren sorgsam voneinander getrennt, und genau wie bei der Zeitung hielt sich jeder seinen eigenen Vorrat, obwohl die Mahlzeiten dann schweigend gemeinsam miteinander eingenommen wurden, wobei jeder der beiden Partner mit seiner eigenen Verpflegung erschien. Die Gespräche beschränkten sich auf eine Art Signalvorgang, wenn Verständigung unvermeidlich war. Rückblick, Besinnung auf Gemeinsamkeit, Friede des Herzens – alle Möglichkeiten der gemeinsamen Erfüllung des Alters waren versäumt. Der Tod kam als Befreiung, der sensiblere, in tiefer Depression an dieser Situation leidende Mann starb schließlich an einem Lungenkrebs.

Tragische und tragikomische Ausgänge der Partnerschaft entstehen aber nicht erst im Alter. Im vorstehenden Fall hatte die Frau dem Partner niemals den halbherzigen, Jahrzehnte zurückliegenden, vergeblichen Versuch verziehen, aus der mißglückten Ehe auszubrechen, weil sie sich selbst nicht zugeben konnte, daß diesem Ausbruchsversuch des Mannes ihre eigene, offene Zuneigung zu einem wesentlich jüngeren Mann vorausgegangen war, die den Ehemann, der ein begabter und sensibler Geisteswissenschaftler war, tief gekränkt hatte, ohne daß er dies hätte eingestehen können.

Die Vorliebe alternder Männer für jüngere Frauen, im gleichen Alter oder jünger als die eigenen Kinder – nicht selten im Lehrer-Schülerin-Studentin-Verhältnis –, wird im Volksmund als »Johannis-Trieb« bezeichnet, wobei eine Art sexueller Torschlußpanik oder eine vorübergehende Steigerung des Sexualtriebes unterstellt wird. Die Ursachen sind jedoch sehr viel komplexer. Die Einrichtung der bürgerlichen Ehe als überkommene Institution war nicht auf eine durchschnittliche Lebenserwartung von mehr als siebzig Jahren angelegt. Und das Heiratsalter lag in den Mittelschichten noch bis zum Beginn dieses Jahrhunderts aus sozioökonomischen Gründen wesentlich später als heute, im Gegensatz etwa zum Beginn des 19. Jahrhunderts. Die Rolle der Frau war so definiert, daß sie die eigene Sexualität weitgehend verleugnen mußte. Der allgemeinen Auffassung nach galt Sexualität jenseits der Wechseljahre (Menopause) als »unangemessen« – eine Auffassung, die auch heute noch vielfach fortbesteht, obgleich sie biologisch und psychologisch falsch ist. Sie wurde bestimmt von der Vorstellung, daß Reproduktion, die Erzeugung von Nachkommen, die Hauptaufgabe der Sexualität sei, so auch definiert in der religiösen Zielsetzung; und damit wurden Gebärfähigkeit und Kinderaufzucht zum zentralen Lebensinhalt der Frau. Jenseits der Wechseljahre versiegt diese biologische Fähigkeit, und damit verlor nach früherer Auffassung die Frau an Bedeutung, während die biologische Zeugungsfähigkeit des Mannes bis weit ins Alter erhalten bleibt.

Ich erinnere mich an eine Konsultation, in der eine zweiundfünfzigjährige Frau zunächst Rat wegen Schwierigkeiten suchte, die sie mit ihrer Schwiegertochter hatte. Als erkennbar wurde, daß sie hauptsächlich eine Schädigung ihres Sohnes durch zu große sexuelle Forderungen ihrer Schwiegertochter befürchtete, brach sie auf meine Frage, wie es denn um ihr eigenes Sexualleben bestellt sei, in Tränen aus. Das längere Gespräch ergab schließlich, daß sie bei einem Treffen mit gleichaltrigen Schulfreundinnen zum ersten Mal gehört hatte, in welch größerem Maße diese seit dem Ende ihrer Monatsregel den Geschlechtsverkehr mit ihren Partnern genossen, »weil man endlich nicht mehr dauernd befürchten müsse, schwanger zu werden«. Aussagen wie »ich bin wie befreit« und »wir haben ein völlig neues Zusammenleben« oder »ich bin nie zuvor in meinem Leben so glücklich gewesen« hatten sie völlig irritiert, da ihr um fünf Jahre älterer Mann sich von ihr abgewendet hatte mit der Begründung, sexueller Verkehr sei in ihrem Alter »nicht mehr angemessen«, da sie ja doch keine Kinder mehr bekommen könne. Als besonders quälend hatte sie jedoch empfunden, daß ihr Mann beim Anblick jüngerer Frauen und Mädchen ihr ständig mitteilte, wie sehr dadurch seine sexuelle Phantasie angeregt werde, ohne die darin enthaltene Kränkung überhaupt wahrzunehmen. Nach mehreren Stunden intensiver Eheberatung mit beiden Partnern ließ sich das Problem lösen. Auch die Schwierigkeiten mit der Schwiegertochter verschwanden, die begreiflicherweise durch Projektion des eigenen, unbewußten Sexualneides entstanden waren. Es stellte sich heraus, daß auch der Mann nicht die geringste Vorstellung darüber hatte, daß jenseits der Menopause die Sexualität der Frau voll erhalten bleibt.

Solche Vorgänge sind durch den Mangel an offenen Gesprächen nicht selten. Ein neunundvierzigjähriger Techniker suchte mich auf, um bewegte Klage darüber zu führen, daß er festgestellt habe, seine achtundvierzigjährige Ehefrau onaniere heimlich nachts, wenn sie glaube, daß er schlafe. Der Grund seiner Entrüstung lag jedoch in der Tatsache, daß er selbst – wie er nach einigem Zögern etwas beschämt einräumte – »auch onaniere«, weil er glaubte, daß seine Frau »mit dem Geschlechtlichen nichts mehr im Sinne habe«. Je mehr beide Partner aneinander vorbeilebten, beide in falschen Annahmen über den anderen befangen, desto schwieriger und gespannter wurde die häusliche Atmosphäre, die sich schließlich auch in der Berufswelt des Mannes auswirkte. Beide Partner hatten nie den Mut gefunden, offen über ihre sexuellen Wünsche, die besten Möglichkeiten sexueller Befriedigung und über spezielle Reizpunkte zu sprechen, trotz fünf Kindern und regelmäßigem Geschlechtsverkehr in jüngeren Jahren. Erst die offene, zunächst recht zögernde und wortungewandte Aussprache beider Partner in meiner Gegenwart brachte zutage, daß beiden einfach die Grundkenntnisse über die Möglichkeiten der gegenseitigen sexuellen Hilfe fehlten, aus Angst, der andere könne solche sexuellen Wünsche und Phantasien als »unangemessen« betrachten, während beide die heimliche Notonanie als peinlich empfunden hatten.

Auch hier bewahrheitet sich meist, daß die sexuellen Nöte nur Ausdruck der Schwierigkeit zu lieben sind, weil es aus Furcht und Peinlichkeit nicht zu einem offenen Gespräch kommt, in dem der notwendige Wandel der Beziehungen geklärt werden könnte. Gewiß hat sich im Laufe der letzten zehn Jahre unter dem Einfluß der »sexuellen Revolution« manches verändert, und es ist zu einem besseren Problembewußtsein gekommen. Die isolierte Betonung sexueller »Techniken« jedoch, die Übersteigerung durch meist unwirksame Reizmittel und die Kommerzialisierung der Sexualität schrecken ältere Menschen vor allem deshalb ab, weil sowohl andere Vorstellungen über sexuelles Verhalten und dessen Erlaubtheit noch überwiegen als auch richtigerweise Sexualität und Liebe nicht voneinander getrennt erlebt werden, wie dies in einem zunehmenden, bedenklichen seelischen Abspaltungsprozeß bei vielen jüngeren Menschen der Fall zu sein scheint.

Dabei enthält der Lernprozeß des Liebens im Alter viel mehr Möglichkeiten. Beide Partner haben über eine lange Strecke genügend Gelegenheit gehabt, Korrekturen an ihrem Selbstbild vorzunehmen, und die Vorstellung vom Partner ist realistischer geworden. Man weiß, was man vom anderen und von sich selbst erwarten kann und was eine Überforderung wäre. Auch das Anderssein des anderen ist weitgehend angenommen, wenn auch manchmal unter Schmerzen. So könnte man sich einigen auf den bleibenden und tragenden Bestand für die Zukunft. Die Kinder sind erwachsen und leben ihr eigenes Leben. Sie sind Gäste geworden, an deren Leben wir nur noch teilhaben können, soweit sie uns daran teilnehmen lassen. Freilich sieht man dann viele Fehler, die man selbst in der Ehe und Kindererziehung beging, sehr viel schärfer an den eigenen Kindern; aber auch hier wäre es falsch, dies nachträglich an den Kindern bekämpfen zu wollen und sich in deren Familienangelegenheiten einzumischen, indem man sich mit den Enkelkindern gegen die Eltern verbündet. Das würde nur zu einer Art Ersatzleben aus zweiter Hand und führt dann auch leicht zur Vermeidung der in der Partnerschaft entstehenden neuen Aufgaben.

Es fällt offensichtlich vielen Frauen schwer, den Mann jenseits der Altersgrenze ständig zu Hause zu haben, nachdem sie an ihre Haushaltsroutine gewöhnt sind, die scheinbar verlangt, daß der Hausputz unbedingt am Vormittag erledigt werden muß. Mir sind eine Reihe von Frauen bekannt, die mit unbewußter Feindlichkeit Staubsauger, Besen und Mop ausgerechnet immer dann und dort zu höchster Aktivität bringen mußten, wo sich der noch mit den inneren Krisen des Ruhestandsdaseins kämpfende Mann gerade gemächlich niederlassen wollte, um endlich ein Magazin oder ein lange aufgeschobenes Buch zu lesen oder einer Bastelarbeit nachzugehen. In manchem Putz- und Haushaltsterror steckt ein unbewußter Racheakt, oft aber auch Neid, da die »Nur-Hausfrau« ja so lange keinen »Ruhestand« erreicht, wie sich der Hausherr weiterhin als Pascha gebärdet. Umgekehrt habe ich Männer erlebt, die spät und mit Leidenschaft kochen und backen lernten, ohne dadurch jemals das Gefühl zu haben, zu »weiblichen« Tätigkeiten »abzusinken«. Das Paradoxe der

Altersehe besteht darin, daß beide Partner sich über eine lange Zeitstrecke in Träumen und Illusionen bewegt haben, wie schön es sein würde, nicht mehr jeden Tag zur Arbeit gehen zu müssen, aber gleichzeitig keine konkreten Pläne für diese Zeit entwickelt und sich nicht rechtzeitig auf den dann eintretenden Wandel ihrer persönlichen Beziehungen in der Ehe vorbereitet haben. Was unsere Sozialeinrichtungen in dieser Hinsicht anbieten, ist recht kümmerlich, wenngleich besser als in manchen anderen Ländern. Das liegt wohl mit daran, daß Liebe auch hier als ein idealisierter, abstrakter Begriff gebraucht wird, ohne ihn in die Alltagsmünze der kleinen Schritte und konkreten Situationen zu übersetzen und ohne immer wieder zu betonen, daß es sich um einen lebenslangen Lernprozeß handelt, für den Möglichkeiten des Lernens angeboten werden müßten, die völlig verschieden von den intellektuellen Lernangeboten der durchschnittlichen »Volkshoch«-Schulkurse sind. Allein das »Hoch« in dieser Institution erscheint als ein Relikt, in dem der so lang geförderte Irrglaube »Wissen ist Macht« weithin mißbraucht wird, um in jedem Minderwertigkeitsgefühle auszulösen, der nicht wie ein Automat faktisches Wissen reproduzieren kann.

Solidarität der Generationen

Wir vergeuden ungeheure soziale Kräfte, weil wir vorhandenes Potential nicht nutzen und bequem in alten Bahnen überholte Programme zur Selbstrechtfertigung anbieten, anstatt die wirklichen Bedürfnisse und Nöte zu sehen und entscheidende Veränderungen vorzunehmen. Eine Fülle verschiedenster Agenturen arbeitet in den meisten Städten durcheinander, gegeneinander, aneinander vorbei, oft ohne die Arbeit der andern zu kennen oder davon zu wissen. Die Zukunft einer wirklich nach

Zusammenleben und gegenseitiger Hilfe strebenden Stadt und Gemeinde ließe sich sehr viel hilfreicher und produktiver gestalten, wenn zu den zum Teil törichten Fragen im polizeilichen Anmelde- und Kontrollformular nur einige wenige Fragen hinzugefügt werden könnten, deren Beantwortung freiwillig wäre. Diese Anworten könnten ohne großen Kostenaufwand in einem Lernzentrum der Stadt mit einem Computerverfahren nach Bereichen gesondert abrufbereit aufgespeichert werden, so daß sie jedem Bürger jeder Altersgruppe, auch Kindern und Alten, zugänglich sind. Jeder Bürger und neu Zuziehende der Stadt brauchte nur drei Fragen zu beantworten:

1. Welche Gebiete interessieren Sie so, daß Sie Neues lernen möchten und bereit sind, dafür Zeit gemeinsam mit anderen aufzuwenden? Für welche Schwierigkeiten suchen Sie Hilfe?
2. Auf welchen Gebieten glauben Sie selbst, einzelnen Mitbürgern oder Gruppen Kenntnisse und Erfahrungen aus Ihrem eigenen Leben vermitteln zu können, um selbst im Austausch Neues zu lernen (nicht nur Buch- und Schul- oder Fachwissen)?
3. Im Lernzentrum wird nicht nur Buchwissen vermittelt, sondern Lebenswissen gemeinsam erprobt und mitgeteilt. Wenn Sie bereit sind, sich an diesen Lernmöglichkeiten für Jugend, Ehe, Familie, Beruf und die Zukunft unseres Lebens in dieser Stadt zu beteiligen, wo können wir Sie erreichen, wenn andere Bürger sich mit Ihnen über Ihre Erfahrungen, Interessen oder Probleme verständigen wollen?

Im Lernzentrum können Sie jederzeit – auch per Telefon oder Brief – in kürzester Zeit erfahren, wer bereit ist, mit Ihnen als Einzelperson oder in einer Interessen- und Arbeitsgruppe neue Lernmöglichkeiten zu erproben.

Das einzige, was dabei unterlassen werden müßte, wäre der Versuch, Lehrangebote anzupreisen, die nicht dem Interesse und den Nöten der Lernbereiten entsprechen. Die Sammlung der Interessen und Angebote würde zugleich sichtbar machen, in welchem Umfange Erfahrungslernen eine sehr viel größere Rolle spielt als jeder formale »Unterricht«.

Wenn das Geschrei nach Revolution, Umsturz und Änderung der Herrschaftsverhältnisse auch nur einen konstruktiven Gedanken entwickelt hätte anstelle der stereotypen Zerstörungswünsche, terrorisierender Machtgier und größenwahnsinniger Utopien, so hätte der Gedanke der Lernmöglichkeiten und des Austausches ohne gewaltsame Bekehrung zu einer einzigen Ideologie eine positive Antwort auf die Zukunft sein können. Die friedliche Kommunikation neuer Lernangebote für alle, wobei ihr eigenes Wissen, ihre Erfahrung und ihr Sein nicht mehr degradiert wird durch die Rückversetzung in eine Schule, wenn auch in eine »Hoch-Schule« des Volkes (welch feudalistische Arroganz pseudo-intellektualistischer Überhebung und Mißachtung der Lebenserfahrung der Massen!), wäre *die* Revolution, die unser Zusammenleben wirksam verändern könnte, weil sie jeden verantwortlich machte, aber auch jedes bisher verborgene Potential nutzen könnte.

Das einzig Wichtige was wir in allem Unterricht versäumen, ist es, Menschen leben zu lehren. Sollte jemand fragen, was das denn nun mit der Liebe zu tun habe, so würde die Antwort lauten müssen, daß unsere Schwierigkeit zu lieben gerade darin besteht, daß wir einander mißachten, nicht mehr wahrnehmen wollen und jeweils nur die eigene Person für bedeutsam halten – auch dann, wenn wir uns in scheinbarer Bescheidenheit zurückziehen, weil wir glauben, nichts beitragen zu können. Ein einziges Kind, das den Weg fände, von einem oder mehreren Erwachsenen Antworten auf Fragen zu bekommen, die der Routineunterricht des Schulsystems ihm niemals erteilt, wäre ein Gewinn für die Zukunft. Tausende von Kindern, Erwachsenen, Familien, Ehepaaren und Eltern aber würden an der gegenseitigen Erfahrung begreifen, daß sie voneinander und durch das direkte Erleben des Mitteilens mehr lernen könnten für ihr Leben, als ihnen der verständnisvollste Expertenvortrag je bringen kann, bei dem sie passive Zuhörer bleiben müssen, die nicht über ihr eigenes brennendes Problem zu anderen sprechen können, weil alles ins Abstrakte verschoben wird. Die Erfahrung zeigt seit vielen Jahren, welch unendliche Entlastung es für viele Menschen ist, im Austausch mit anderen festzustellen, daß diese

genau die gleichen, wenn nicht schwierigere Probleme und ungelöste Fragen in Ehe und Familie haben, mit denen sie allein
vergeblich ringen. Die Solidarität der Gemeinschaft, die auf diese
Weise entstehen kann, schafft Veränderung ohne den kollektiven
Zwang zu einer überidealisierten Einheitslösung oder politischen
Ideologie, allein durch die Pluralität der solchen Lernzentren zur
Verfügung stehenden Quellenpersonen aus allen Volksschichten,
allen Altersgruppen und aus allen Lebens- und Interessenberei-
chen. Es ist die »Verhirnung«, die uns hat lieblos werden lassen,
die abstrakte Intellektualisierung von Lebensvorgängen, durch
die das wichtigste Element aller mitmenschlichen Beziehungen
ausgeschlossen wird, die Liebe, die erst in der Begegnung wirkliches Wachstum ermöglicht.

Die größere Kraft

Die persönliche Liebe der Zweierbeziehung ist die Verdichtung einer menschlichen Fähigkeit, die in viel breiterer Form
Wege zur Wirksamkeit finden könnte, wenn wir uns nicht so un-
menschlich und arrogant »wissenschaftlich« gebärden würden,
als sei unser Zusammenleben durch Wissenschaft allein zu bewältigen, als ob kein Unterschied zwischen Wissen und Sein
bestünde und letzteres nur dann bedeutsam wäre, wenn es in
Zahlen und Wägbarkeiten meßbar würde. Liebe war zu keiner
Zeit meßbar, ihre Seinsbestimmung ist deshalb unendlich, weil
wir nicht fähig wären, sie zu erleben, zu empfangen oder zu
geben, wenn sie nicht zuvor uns geschenkt würde, ohne daß wir
es bemerken.
Ich erinnere mich eines befreienden Augenblickes als junger
Arzt – neben vielen anderen Begegnungen, für die ich Menschen
Dank schulde, die mich um Rat aufsuchten, aber zugleich mit mir
selbst konfrontierten –, als ich jäh begriff, daß es darauf ankommt,
diese andere, größere Kraft sichtbar und spürbar zu machen,

die uns Hoffnung gibt in unserem Leben. Mit einer jungen Frau und Mutter, die ihren Mann im Krieg verloren hatte, besprach ich über mehrere Wochen ihre Lebensschwierigkeiten und Konflikte. Kurz vor Beendigung unserer Gespräche berichtete sie mir einen Traum: Im Gespräch mir gegenübersitzend, bemerkte sie hinter mir ein immer heller werdendes Licht, das mehr und mehr durch mich hindurch schien, bis ich schließlich verschwunden war und nur noch die von dieser Helligkeit überstrahlte Landschaft vor ihr lag. In keinem der Gespräche zuvor war je die Rede von Gott oder Religion. Unsere Begegnung endete bald nach diesem Erlebnis. Aber mir wurde begreiflich, wie sehr der einzelne, auf welche Weise auch immer er zu helfen versucht, nur Instrument dessen sein kann, was sichtbar und spürbar wird, sobald er die Vermittlerrolle selbst annimmt, zu der er vom anderen aufgerufen wird, und seine eigene Bedeutung nicht überschätzt. Freilich kann das zu jedem Zeitpunkt scheitern, an vielen Ursachen, die sowohl in der Wahrnehmungsblindheit wie in der Überschätzung der eigenen Bedeutung oder sogar in der Anwendung bestimmter »Techniken« liegen können.

Es wird so wenig in unserer unruhigen Epoche begriffen, daß wir die Schwierigkeiten zu lieben dadurch ständig vergrößern, daß wir entweder Widerstand gegen die Liebe leisten oder die Flucht ergreifen, aus Furcht, ihre Forderungen nicht erfüllen zu können oder von ihr überwältigt zu werden. Die Allmachtsphantasie der Unsterblichkeit, genährt durch Ergebnisse der Naturwissenschaften und den sozio-ökonomischen Wachstumsmythos, läßt uns vergessen, wie eng Liebe und Tod miteinander verflochten sind. Die Angst, von der Liebe überwältigt zu werden, ist stets zugleich Todesangst, weil ein Teil unserer Person, ein Teil unseres bisherigen Lebens in der Liebe aufgegeben werden muß, gleichsam »abstirbt«, allerdings ohne verlorenzugehen, wie wir fürchten. Jeder dieser Antworten auf die Liebe folgt ein Wandlungsprozeß, der die Teile der früheren Identität neu zusammenfügt unter einem anderen Ordnungsprinzip, das von der Liebe bestimmt wird. Unser Widerstand gegen diese magnetische Wirkung bedingt die eigentliche Schwierigkeit zu lieben, weil wir nur allzu gerne das Bild behalten möchten, das wir uns von uns selbst und der Welt gemacht haben, um möglichst sicher zu sein und Schmerz zu vermeiden. Es ist wahr: Liebe erneuert, nur wird diese Verheißung von vielen falsch verstanden, so als müßten sie die Liebe immer wieder von neuem bei anderen suchen gehen, um sich dadurch besser selbst entrinnen zu können, während die Liebe eine innere Selbsterneuerung meint.

Henrik Ibsen benutzt in seinem wenig verstandenen, noch weniger inszenierten Drama »Peer Gynt« Anfang dieses Jahrhunderts die Gestalt des »Knopfgießers«, den der vor sich selbst durch die ganze Welt fliehende Peer Gynt schließlich an einem Kreuzweg trifft. Die Symbolik dieser Gestalt, die ankündigt, er werde Peer Gynt am nächsten Kreuzweg umgießen, wenn dieser nicht von seiner Flucht umkehre zu sich selbst, wird wenig verstanden, genausowenig wie die Gestalt der wartenden »Solveigh«, die die Zeitlosigkeit der Liebe verkörpert. Dramatiker und Dichter haben freilich auch mit dazu beigetragen, Liebe so sehr zu idealisieren, daß es angesichts so hochgestellter Ideale – das »Hohelied der Liebe« – für viele Menschen schwierig wird, zu erkennen, wieviel mehr die Liebe in alltäglichen Ereignissen, Gesten, Handlungen oder Unterlassungen erkennbar und übersetzbar wird. Der alte Brauch, den Preis für die Brautschuhe in Pfennigbeträgen anzusammeln, ist eine wirksame Mahnung, daß das Leben und die Liebe aus den kleinen Dingen besteht. Es hilft nicht viel, einen Tausend-Mark-Schein zu zücken, wenn man vier Stationen in der Trambahn fahren will. So ähnlich wirken großartige Liebeserklärungen, weil niemand etwas damit anfangen kann und es viel wichtiger wäre, den momentanen Fahrpreis für die Kurzstrecke passend zu haben. Der Tausend-Mark-Schein in der Liebe als Angebot erregt eher den Verdacht, daß sich jemand eine Freifahrt ermogeln will, eben weil er nicht das passende Kleingeld hat, das notwendig wäre, um ans vorläufige Ziel zu kommen.

Das Wagnis der Liebe liegt im Alltäglichen und darin, daß man nie zuvor genau weiß, wie lang die jeweilige Strecke sein wird und was notwendig ist, um an dieses Ziel zu gelangen. So wird Zusammenleben leicht zu einer Art Gewohnheitsritual, das möglichst keine Überraschungen mehr enthalten soll. Die bewegteste Klage in vielen Partnerschaften ist die Langeweile, weil alles immer wieder das gleiche ist. Aber selten kommt einer der beiden Partner auf die Idee, etwas Unerwartetes zu tun, aus der Furcht, den anderen könne es stören, sich plötzlich aus dem Trott der gemeinsamen Gewohnheit gerissen zu sehen. Es gibt einen unbewußten Grund für diese Art der »Gewohnheits-Liebe«: Triebe sind konservativ, aber sie sind schwer zu kontrollieren und verursachen mehr Angst, sobald sie unkontrollierbar werden. Wir sind deshalb froh, sobald wir ein System von Kanälen und Ventilen gefunden haben, die uns Triebbefriedigung ohne besonderes Risiko ermöglichen. Das kann sich rächen, indem dann unbefriedigte Phantasien sich aufstauen und den Gewohnheitstrott unerwartet durcheinanderbringen. Am merkwürdigsten ist dabei, daß wir uns sicherer fühlen, wenn wir unsere Triebbedürfnisse vom Bewußtsein her kontrollieren können; aber das widerspricht, zumindest im Bereich von Liebe und Sexualität, der Wirklichkeit. Die enge Verbindung von Liebe und Tod kommt darin zum Ausdruck, daß wir natürlicherweise im Augenblick der höchsten sexuellen Erregung und Lust vorübergehend unsere volle Bewußtseinskontrolle verlieren. Davor haben viele Menschen Angst, weil sie meinen, sie müßten sich dauernd »beherrschen«. Diese Fähigkeit, sich selbst völlig in der Hingabe zu verlieren – wie der Volksmund richtig sagt: »den Kopf verlieren« –, also den kontrollierenden Verstand, das Hirn auszuschalten, kann sich aber nur dann genügend entwickeln, wenn man sich selbst wirklich »hat«. Wenn sich kein ausreichendes Selbstbewußtsein (Ich-Stärke) entwickelt hat, wird die Angst, dieses Wenige zu verlieren, so groß, daß man sich vom Bewußtsein her ständig der eigenen, noch vorhandenen, unversehrten Gegenwart versichern muß. Man kann sich dann nicht fallenlassen in die beseligende Ohnmacht völliger Überwältigung durch das Liebeserlebnis in der Sexualität. Vielmehr bewacht das Hirn gleichsam ständig das Herz aus Angst, andernfalls das verlorengegangene Selbst und die schwache Identität nicht mehr wiederfinden zu können. Es ist eine Angst vor Zerstörung, die zugleich verdeutlicht, als wie mächtige Kraft und Gewalt die Liebe tatsächlich erfahren wird.

Diese Angst scheint für Männer größer zu sein als für Frauen,

weil die Neigung des Mannes, Gefühle abzuspalten und von
seinem Denken zu trennen, nicht zuletzt durch die Art unseres
Erziehungssystems gestärkt wird. Frauen erleben auch die Einheit mit ihrem Körper auf eine andere, intensivere Weise, die der
Mann, primär nur ausgerichtet auf die Reizzonen seiner Sexual-
organe, meist erst erlernen muß. Die häufigste Klage der Frauen
ist die Ahnungslosigkeit der Männer über die Erlebnis- und Emp-
findungsweise der Frau. Das bezieht sich hauptsächlich auf die
ungeduldige Dranghaftigkeit vieler Männer, die in der Phantasie
längst der Realität voraus sind und dadurch ein vorsichtiges, all-
mähliches Einschwingen in die zärtliche Stimmung und seelische
Liebesbereitschaft für überflüssigen Schmus und einen un-
nötigen Umweg halten, um nur möglichst direkt und abrupt auf
eigene Befriedigung zu drängen. Ich verdanke einer offenherzi-
gen Berlinerin eine treffende, kritische Beschreibung ihrer für
sie enttäuschenden Erfahrung: »Bei meinem Ollen jeht det immer
wie: ruff – rin – raus; da komm ick nicht nach!« Es gibt wohl
kaum eine kürzere Zusammenfassung der gleichen Erfahrung,
die sehr viel mehr Ehefrauen beklagen, als es die dazugehörigen
Männer wahrhaben wollen. Diese Neigung zur Abspaltung der
sexuellen Vereinigung von dem gesamten übrigen Zusammenleben scheint eine moderne Bequemlichkeitshaltung des Mannes
zu sein, die er oft mit viel Geschäftigkeit, Überlastung und
Pseudo-Männlichkeit zu rechtfertigen versucht. Die abwehrende
Bemerkung, wiederum eines Berliners: »Ick kann det Abje-
schlecke nich vatragen . . .!« – gemeint war das Bedürfnis seiner
Ehefrau nach einem zärtlichen Kuß –, kennzeichnet die Furcht
vieler Männer vor Zärtlichkeit. Das wird um so verständlicher,
wenn man die gängigen Idealvorstellungen der Männer »Hart
wie Krupp-Stahl« mit ihrer Angst vergleicht, »weich« zu erscheinen, was häufig gleichgesetzt wird mit der Verachtung für Homosexualität, da die Durchschnittsvorstellung vom Homosexuellen
immer noch, wenn auch völlig irrtümlich, die eines »weichen
Heini« ist.

Heute gibt es eine Fülle wissenschaftlicher, sexualmedizini-
scher Literatur über die verschiedenen sexuellen Erregungsvor-
gänge bei Mann und Frau, in der sich die jahrelangen For-

schungsergebnisse von Masters und Johnson und anderen Sexualforschern widerspiegeln. Gerade diese beiden erstgenannten Forscher und andere fühlen sich jedoch heute verpflichtet, auf die vielen irrigen, nur »technischen« Rückschlüsse hinzuweisen, die aus ihren Forschungsergebnissen gezogen wurden, ohne den wesentlichen Faktor jedes sexuellen Erlebens, die Fähigkeit zur Liebe und zur Bindung, zu berücksichtigen. Beide befürchten zu Recht, daß solche Fehlinterpretationen der Sexualität zu einer zunehmenden Zerstörung der Liebesbeziehungen führen würden und es durch falsche »Sexualbefreiung« (Libertinage) zu größerer Unmenschlichkeit, zum Mißbrauch des Partners als Sexualobjekt und zur Verkrüppelung der Liebesfähigkeit kommen könnte.

Entgegen allen kommerzialisierten Anpreisungen von Onanie-Instrumenten, Reizsteigerungsmitteln, Koitusakrobatik und Mundverkehrstechniken haben beide Autoren betont, daß die Sexualität in einer Liebesbeziehung »gewiß nicht die Hauptsache« sei, sondern vielmehr die Fähigkeit zu einer verläßlichen, zum Wandel bereiten, lebendigen gegenseitigen Beziehung, die tief im Seelischen verankert ist. Das mag die einseitige Betonung eines falschen sexualtechnischen, pseudowissenschaftlichen Anspruchs zurechtrücken, der sich überall breitmacht mit dem Angebot technischer Manipulation von Beziehungsschwierigkeiten. Andererseits besteht jedoch kein Zweifel, daß bei einem großen Teil der Bevölkerung Unkenntnis, Gehemmtheit und Mißverständnisse auf sexuellem Gebiet die volle Entfaltung der Liebesfähigkeit hemmen; nur soll niemand glauben, daß sich solche Schwierigkeiten zu lieben etwa durch eine Art Service- und Reparaturvorgang sofort beheben ließen, da sich Sexualität nicht von der Person und den übrigen Lebensbereichen einfach abtrennen läßt, als handle es sich um ein isoliertes Organsystem, das keine Wirkungen auf das übrige Leben habe.

Es wird wiederum viel mehr des offenen Erfahrungsaustausches zwischen gleichaltrigen Paaren und der Begegnung mit älteren Paaren bedürfen als der spezialistischen Expertise, um einen Wandel der Liebesfähigkeit und eine Überwindung der so vielgestaltigen Schwierigkeiten zu lieben auf einer breiteren

Ebene in der Weise zu erreichen, daß über die Partnerbeziehung hinaus Liebe in der Zuwendung zum Mitmenschen wirksam werden kann. In unserem derzeitigen Weltverständnis scheinen wir uns mehr dem Verhalten von auf zu engem Raum eingepferchten Ratten zu nähern. In New York und Chicago wird der tägliche Arbeitsablauf schon seit längerer Zeit als »rat-race« = Rattenrennen bezeichnet in Anlehnung an Skinners Forschungsergebnisse mit Rattenstämmen unter eingeengten Territorialverhältnissen. Es scheint, wir werden nicht menschlicher – trotz der wortreichen Proklamation christlicher und sozialer Humanitätsideale.

Partnerschaft und Lebensgemeinschaft durchlaufen die Gezeiten des Lebens. Auch daran ist nichts Neues, denn das Leben wird eine wenn auch in den letzten Jahrzehnten verlängerte, so doch nicht umkehrbare Strecke zwischen Geburt und Tod bleiben. Man kann nicht behaupten, daß unsere Erziehungssysteme den jungen Menschen auf die Entwicklungsprobleme und die Schwierigkeit zu lieben in einer auch nur irgendwie der Wirklichkeit der zu erwartenden Erfahrungen entsprechenden Weise vorbereiten. Im Gegenteil, unsere Gesellschaft isoliert, entmutigt und behindert fast jedes junge Paar so viel wie möglich durch alle zur Verfügung stehenden bürokratischen, wirtschaftlichen und politischen Mittel. Die gleiche Gesellschaft erwartet, daß diese jungen Menschen die Alterssicherung für jene übernehmen werden, die diese Behinderungen erfanden, durchsetzten und nicht änderten. Nicht anders ergeht es der Gruppe der mitten im Leben stehenden Familienväter und -mütter, die durch ihren Daseinskampf und ihre Arbeitsbereitschaft den durch die höhere Durchschnittslebenserwartung bedingten Überhang der Altersgesellschaft tragen. Wir lassen diesen Teil unserer Mitbürger in der Ratlosigkeit vieler Ehe- und Erziehungsprobleme weitgehend allein. Der Pein der täglichen Bewältigung von zunächst kaum sichtbaren Schwierigkeiten ohne Hilfe überlassen, erhöht sich gerade in dieser Gruppe des mittleren Lebensalters das überwiegende Gefühl unbestimmter Unzufriedenheit und Vernachlässigung. Das färbt auf Verhaltensweisen ab. Resignation, Lieblosigkeit, Depression und verdeckte Verzweiflung, nicht zuletzt sichtbar im zunehmenden Alkoholkonsum, wachsen an. Die Auswirkungen auf die Folgegeneration sind offensichtlich: Wunsch nach radikaler Veränderung, Gewaltsamkeit, entweder in Richtung von Revolution oder umgekehrt Revolutionsbekämpfung, kennzeichnen ein höheres Aggressionspotential. Aus Unfähigkeit zur Liebe? Oder aus Überdruß und Maßlosigkeit der Überansprüchlichkeit? Sicher aber ohne eigenes Verschulden, da kaum Lernangebote der Liebe zur Verfügung gestellt werden.

Wenn wir uns zu den Versäumnissen und verfehlten Experimenten bekennen würden, dem Herumfummeln mit abstrakten Bildungsideen und der Vernachlässigung der Sozialerziehung und Charakterbildung, wäre dies ein erster Schritt, der uns begreifen ließe, wie weit wir uns durch Allmachtsvorstellungen und Größenideen von den nüchternen Einsichten und der Bescheidung wirklicher Liebe entfernt haben. Es ist unsinnig, zu behaupten, Staat, Bürokratie, Organisation und Industrie hätten nichts mit Liebe zu tun. Das kann nur behaupten, wer Liebe mißversteht als einen isolierten, überidealisierten Akt zwischen zwei Menschen, die eine Lebensbindung auf Gedeih und Verderb miteinander eingehen. Diese Bindung allein wird jedoch unmöglich und zerbricht, wenn sie nicht in die schützende Atmosphäre eines allgemeinen Bewußtseins der Notwendigkeit der Liebe eingebettet ist. Schon eine Paarbindung kann falsch sein, wenn der eine Partner aus egoistischem Sicherheitsbedürfnis Wandlung und Entwicklung verweigert, um den anderen auf seiner Stufe festhalten zu wollen aus Angst, Neues zu erlernen. Liebe ist eben nicht nachgeben, sie ist nicht: alles verstehen, alles verzeihen, aber »sie sucht nicht das Ihre, sie rühmt sich nicht«. Wo kämen wir hin, wenn die Profitmaximierung des Kaufmannes, des Firmenmanagers, des einzelnen weniger darauf bedacht wäre, die jeweiligen anderen auszunutzen, um für sich und das Seine zu sorgen? Wo kämen wir hin, wenn der Politiker sich seiner Taten und Absichten weniger rühmen würde? Wo kämen wir hin, wenn die gesamte Bürokratie sich darauf besinnen würde, daß ihre Ziele nicht Selbstzweck sind, sondern die Fähigkeit zu dienen und zu helfen zum Inhalt haben sollten? Wunschpanorama eines Moralisten? Nein, wir wissen das alles sehr genau in unserem Hirn, aber wir sagen nicht, was wir denken, und wir tun nicht, was wir sagen, weil uns der Mut zur bekennenden Liebe fehlt. So gehört die Welt den falschen Propheten, den Aposteln des Hedonismus und der Selbstsucht, des Größenwahns, der Zerstörung und des Unterganges, der Gier und Habsucht, der Eitelkeit und des Überdrusses. Uns ist das Bewußtsein der Sünde gegen die Liebe abhanden gekommen. Es ist modern und aufgeklärt, ohne Gott zu leben und sich seinen Gott selber zu machen, weil wir glauben, alle seine Geheimnisse mit wissenschaftlicher Akribie durchschauen und nunmehr besser nachahmen zu können. Doch es bleibt die Schwierigkeit, die sich mit keinem dieser Mittel lösen läßt, weil sie nur uns fordert, dich und mich: den Nächsten zu lieben wie uns selbst, in der Gewißheit, daß wir sterben müssen.

6. Kapitel
Was wir nicht sagen

»Es ist ein Wagnis, in dieser erkaltenden Welt zur Liebe
zu ermutigen. Und doch ist sie das einzige Mittel, das uns helfen
könnte, jene Mauern niederzureißen, die wir gegeneinander
aufgebaut haben. Liebe ist nicht möglich ohne Glaube und
Hoffnung, und wer könnte annehmen, daß wir diese drei aus
eigener Kraft gefunden und entwickelt hätten? Könnten wir
ohne sie leben?«

Konsumzwang

Hinter dem Schutzwall, den wir errichtet haben, um uns auf vielfache Weise zu sichern, hinter den Masken, die wir tragen, um andere zu täuschen und uns selbst unangreifbar zu machen, wird all das hörbar, was wir nicht sagen. Es wird lauter mit jedem Augenblick, in dem wir versäumen zu sein, was wir sind, mit all unseren Schwächen, Fehlern, Ängsten, Verwundbarkeiten, dem Selbsthaß und der Selbstliebe, nur um der Liebe zu entgehen, die wir fürchten und doch zutiefst ersehnen.

Wir haben ganze Rituale des gesellschaftlichen Verhaltens mühsam aufgebaut und in unsere Kinder hineingedrillt, um jede Möglichkeit der direkten Beziehung zu vermeiden. Wir verbergen uns höflich und wechseln konventionelle Freundlichkeiten, während wir Angst haben, der andere würde unsere Unsicherheiten, unsere Schuldgefühle über so vieles Falsche, um das wir selbst wissen, erkennen und entlarven. Wir haben Formen ersonnen, die uns genügend voneinander trennen und die Ausübung von Macht garantieren, um den anderen von uns selbst fernzuhalten: Schalter, Schreibtische, Vorzimmer, Formulare, Instanzenwege – das alles muß seine Ordnung haben. Wessen Ordnung? Es gilt durchaus als unfein, ehrlich zu sein, denn wir mißbrauchen sogar »den Mantel christlicher Nächstenliebe«, um »die Fehler des anderen nicht ohne Not aufzudecken« – in der Hoffnung, daß er dann vielleicht das gleiche tut, damit unser aller Fehler für ewig verborgen bleiben und wir unser Dasein als Heuchler fristen können, ohne uns verändern und Neues lernen zu müssen.

Wer sich nicht offenbaren kann, ist nicht fähig zu lieben. Es ist ein einfacher Satz, aber angesichts der vielerlei Barrieren, die wir gegeneinander und gegen die Verwirklichung dieses Satzes aufgebaut haben, ist es schwer, seinen Inhalt zu leben und sich zu offenbaren, um zu leben und lieben zu können.

Aber wir sind erfindungsreich. Kommerzialisierte Idealnor-
men am Fernsehschirm, auf Plakatsäulen, im Radio, von Haus-
wänden her suggerieren uns ständig, daß wir nichts sind und
nichts werden können ohne ein bestimmtes Produkt, das uns erst
zu hervorragenden und liebenswerten Menschen machen würde.
Genauso beherrschen wir die Kunst des Bangemachens in vielen Variationen, indem wir täglich großen Massen klarmachen,
welchen Gefahren sie sich aussetzen, wenn sie nicht die segens-
reichen Wirkungen bestimmter Produkte zur Erleichterung ihrer
täglichen Lebenslasten, zur Schmerzvermeidung, zu längerem
Leben und zur Erlangung des vollkommenen Glückes benutzen.
Wir folgen den täglich angebotenen Traumbildern einer Trugwelt,
um nicht hinter anderen zurückzustehen und mit dem Nachbarn
konkurrieren zu können, der sich vielleicht dieses ersehnten Pro-
duktes bedient.

Als in London vor vielen Jahren die ersten Fernsehantennen
auf den Häusern auftauchten, bot ein findiges Kaufhaus billige
Fernsehantennenattrappen an, die sofort gekauft und in vielen
Reihenhaussiedlungen montiert wurden, obgleich sich niemals
ein Anschluß oder ein Fernsehapparat im Hause befand; nur um
mit den Nachbarn konkurrieren zu können und nicht zurückstehen
zu müssen. Das mag Gelächter hervorrufen, aber bestehen nicht
ähnliche Konkurrenz- und Geltungsbedürfnisse auch bei uns –
manchmal sogar innerhalb einer Ehe oder Familie oder zwischen
Religionsgemeinschaften?

Diese jahrzehntelange, ununterbrochene Berieselung mit
immer mehr verfeinerten, psychologisch wirksamen Mitteln einer
rücksichtslos gegen Konkurrenten gerichteten Werbung hat uns
einerseits verführt, solchen Geltungs- und Anspruchsidealen zu
folgen, um unsere Modernität zu beweisen, andererseits aber
sind wir uns der abstumpfenden Wirkung nicht mehr bewußt, die
von einschlägigen Werbeslogans ausgeht, in denen unsere Wirklichkeit ständig entstellt und verzerrt wird. Es ist vor allem die
Wirklichkeit unserer Gefühlswelt und -werte, die dabei Schaden
erleidet, denn viele Werbemethoden benutzen die wissenschaftlichen Erkenntnisse der Psychologie, um weitgehend unbewußte
Strebungen und Wünsche zu mobilisieren und, wenn dies Erfolg

verspricht, auch ein bestimmtes Bild von Liebe und Sexualität zu entwerfen. All dies verändert unsere Erwartungen an die Wirklichkeit, die, verglichen mit den vorgegaukelten idealen Glücks- und Genußbringern, nur noch als grau und enttäuschend erlebt werden kann. Je unerfreulicher uns dann diese Wirklichkeit erscheint, desto schneller greifen wir nach den zur Vervollkommnung des Lebens angebotenen Mitteln wie in einem Rausch, um der Misere zu entfliehen.

Aber diese Flucht gelingt nicht, die erwartete Veränderungswirkung hält nicht an, und die Suche nach Neuem, das von außen erhofft wird, beginnt von vorne, um am gleichen Punkt zu enden. So viel Geld wir auch aufwenden mögen, die Werte, nach denen wir suchen, fallen uns auf diese Weise nicht zu, sie sind nicht käuflich. Jede Prostituierte weiß, daß ihr Geschäft nicht das geringste mit Liebe zu tun hat, sondern allenfalls eine Art Tauschhandel darstellt, wobei der Gewinn auf beiden Seiten fraglich bleibt. Liebe ist nicht käuflich und läßt sich auch nicht durch Bestechung oder Erpressung erzwingen. Im Gegenteil, das Gefühl der Leere, Öde und Sinnlosigkeit verstärkt sich, sobald wir versuchen, durch Täuschung und Selbsttäuschung Abkürzungswege einzuschlagen, um Liebe zu »konsumieren«. Die Verbrauchermentalität hat sich aber so weit in unser Privatleben eingeschlichen, daß selbst in Ehepartnerschaften Prostitution praktiziert wird. Ich erinnere mich eines reichen Ehemannes, der seine Frau durch das Angebot von Tausend-Mark-Scheinen zu einer ungewöhnlichen Art des sexuellen Verkehrs zu verlocken suchte. Als sie dies ablehnte – nicht wegen der Ungewöhnlichkeit des sexuellen Wunsches, sondern wegen der herabwürdigenden Art des Geldangebotes –, bezeichnete er sie als dumm. Die Ehe zerbrach nach kurzer Zeit.

Liebe, zum Konsumartikel abgestempelt, zerstört jede Bereitschaft zu menschlicher Bindung. Die »Sex-Shops« in vielen Städten scheinen eine Fortsetzung der Jahrmarktsbuden auf Rummelplätzen zu sein, in denen die »Dame ohne Unterleib« oder »Olga das Kuhmädchen« und andere Raritäten marktschreierisch angeboten und das Publikum angelockt wird, um stets neue Sensationen zu besichtigen. Mancher wird sich der Unschlüssigkeit und

des geheimen Nervenkitzels der Erwartung erinnern, wenn er vor
solchen Jahrmarktsbuden stand, aber genauso blieb die Langeweile des Wartens und schließlich die Enttäuschung der überhöhten Erwartungen in seinem Gedächtnis. In ähnlicher Weise
wirken Pornographie und sexuelle Sensation auf die Dauer schal
und langweilig, da es ohne jede persönliche Beziehung zu einem
anderen, realen Menschen gar nicht so viele Erregungsmöglich-
keiten für die Phantasie gibt, die nicht letztlich eine Grenze
erreichen, an der die angebotene Sexualsensation ins Absurde
umschlägt oder eher zum Mittel der Befriedigung aggressiv de-
struktiver Phantasien wird. Langeweile macht sich schließlich
breit.

Ideologiezwang

Natürlich wird die Mehrheit der Zeitgenossen aufbegehren
und erklären, daß sie selbst das alles ja gar nicht wollten und nur
eine aus den Fugen geratene anspruchsvolle Minderheit ihren
geschäftstüchtigen Appell an die Sexualnöte anderer der Gesellschaft aufzwinge und diese Not ausbeute. Das mag stimmen, es
befreit uns aber nicht von der Frage, wer dann für die Zunahme
und freundliche Toleranz gegenüber jeder absurden Regung in
unserem »Rechtsstaat« verantwortlich ist. Es befreit uns nicht,
wenn wir »die da oben« für verantwortlich halten, solange wir
selbst nicht den gewaltlosen Schritt in unserem eigenen Verhalten wagen, der eine klare Grenze zwischen Liebe und Verwöhnung, zwischen Festigkeit und Schwäche zieht. Solange wir
»tolerant«, verständnisvoll und aufgeklärt erscheinen wollen, nur
um uns anzupassen, werden wir auch die Prostitution der Frau
und der Sexualität für kommerzielle Zwecke hinnehmen müssen
und damit billigen, daß Liebe gleichgesetzt wird mit technisierter
Sexualität, die sich für Profitzwecke auf vielerlei Märkten aus-
beuten läßt und reichliche Einnahmen erbringt. Solange wir über-

zeugt sind, daß durch tolerante Haltung gegenüber »sexuellen Ventilsitten« Schlimmeres verhütet werden kann, da eine phantasierte sexuelle Handlung weniger gefährlich sei als die reale, werden wir auch nicht darüber nachzudenken brauchen, in welchem Ausmaß ein Überangebot an sexuell perversen Modellphantasien entweder Nachahmungswünsche oder eine totale Abkehr von aller Sexualität aus Ekel und damit Zuwendung zu aggressiven Triebbefriedigungen fördert. In jedem Falle hat jedoch diese Toleranz zur Folge, daß wiederum niemand so »engherzig« oder »moralistisch« sein möchte, anderen Leuten »das wenige, zweifelhafte Vergnügen zu nehmen, das ihnen noch bleibt«. Das klingt nach »Liebe – Brot der Armen«: Wer nicht bessergestellt ist, dem bleibt nur die Zuflucht der lustvollen und wärmenden Vereinigung mit einem anderen.

Eine ganze Reihe ungeprüfter Sozialstereotypien, Illusionen und Annahmen über die Liebe, zusammengewürfelt aus den verschiedensten Geschichts- und Gesellschaftsepochen, geht offenbar in unseren Vorstellungen ständig durcheinander. Was jede »Sittengeschichte« oder »Weltgeschichte der Erotik« in historischer und geographischer Trennung, fein säuberlich dem Bewußtheitsgrad der jeweiligen Epoche entsprechend voneinander getrennt hält, läuft in unseren Vorstellungen über die Liebe wie in einem Eintopf offenbar so zusammen, als könne man jede Möglichkeit dadurch rechtfertigen, daß kulturspezifisches Sexualverhalten isoliert lebender Primitivstämme oder römische Spätgewohnheiten und Eskimositten alle möglichst im trauten Heim verwirklicht werden sollten. Eine Liebeskultur entwickelt sich dadurch nicht, eher eine Art Supermarkt der Mittel zur Vermeidung der Liebe durch gesteigerten Rausch und die Befriedigung kindlicher Teiltriebe. Wenn zuvor die »polymorph-perverse« Tendenz des Kleinkindes erwähnt wurde, so ist damit nicht etwas ganz Schreckliches gemeint, sondern die beobachtbare Tatsache, daß Kleinkinder mit ihren ungerichteten Triebneigungen sich an und mit jedem Körperteil und jeder Körperöffnung auf völlig unschuldige Weise lustvolle Befriedigung verschaffen können und verschaffen. Die menschliche Entwicklung beendet diesen Abschnitt normalerweise dadurch, daß sich alles sexuelle Lustempfinden schließlich auf die Geschlechtsorgane und die dazugehörigen Hautregionen sowie auf die damit verbundenen Phantasievorstellungen konzentriert. Gewiß bleiben die für das Kleinkind lustvollen Erregungszonen wie Lippen, Mund, Auge, Ohr, Gesäßregionen erhalten, verlieren aber an Bedeutung, da sie allenfalls zur Erregung sexueller Vorstellung beitragen können. Der Rückfall in die Ausschließlichkeit des Gebrauches einer dieser Regionen zur sexuellen Befriedigung – deshalb als Perversion bezeichnet, richtiger und genauer als Rückgriff auf kindliches Sexualerleben – stellt eine Flucht auf kindliche Stufen dar, um die Entwicklung zur erwachsenen Reife einer verantwortlichen Vereinigung von Liebe und Sexualität zu vermeiden.

Viele Erscheinungen und Hilfsmittel in unserer Gesellschaft, vor allem aber die auf möglichst mühelosen Genuß ohne Verpflichtung (Zigarettenreklame: »Genuß ohne Reue«) ausgerichtete Grundtendenz fördert dieses Ausweichen auf kindliche Stufen der abgespaltenen Teilsexualität in einer passiven Erwartungsbefriedigung genauso wie etwa die Neigung, ein »Objekt« zur aktiven, sadistischen Befriedigung zu mißbrauchen und wehrlos zu machen. Wir machen uns heute gar kein Gewissen mehr daraus, diese Neigungen direkt oder indirekt zu fördern, da wir offenbar die Liebe für eine ohnehin verlorene Illusion halten, vermutlich weil ihre Forderungen so schwer zu erfüllen sind. Zugleich hoffen wir aber auf die Entwicklung eines neuen Sozialbewußtseins und größerer Verantwortungsbereitschaft des einzelnen wie der Allgemeinheit. Es ist kein Zufall, daß in der angelsächsischen Welt, besonders in den USA, die Sozialkritik im sexuellen Straßenjargon ausgedrückt und mit in der Vulgärsprache den sexuellen Akt bezeichnenden Worten definiert wird: »It's all screwed up!« (screw = schrauben, übertragen soviel wie Geschlechtsverkehr) oder noch gröber: »It's all fucked up!« (to fuck = wörtlich ficken, übertragen ins Deutsche: »Es ist alles zusammen [oder durcheinander] gefickt«). Das »Volksbewußtsein« trifft die Ursachen weit deutlicher als jede akademische Erklärung, indem es den Mangel an klaren Grenzen, das Durcheinander der Werte und die dranghaften Triebursachen mit einer verwirrten und verwirrenden, orientierungslosen Sexualszene vergleicht. Das entspricht der Realität konträrer Ideologien in pluralistischen Gesellschaften, denn weder für den Kapitalismus noch für den Marxismus ist Liebe von Bedeutung. Im Gegenteil, sie ist störend, im Kapitalismus für das Geschäft, wenn sie sich nicht ausnützen läßt, im Marxismus für die Ideologie, weil die verläßlichere Zweierbeziehung Immunität und Schutz gegen Massensuggestion gewährleistet. Liebe läßt sich von beiden Ideologievorstellungen her allenfalls »als vorübergehende Gefühlsduselei« bewerten, da sie wenig für politische Zwecke brauchbar zu sein scheint. Welche Liebe?

Der Sozialzwang – Konsumzwang auf der einen, Ideologiezwang auf der anderen Seite – richtet sich aber nicht nur gegen die Zweierbeziehung der Partnerschaft, sondern versucht in beiden Fällen ein in sich zeitloses Element durch zeitliche Versprechungen zu ersetzen, die unerfüllbar sind. Zu Lebzeiten Papst Johannes XXIII. kursierte ein Witz, der diesen Zusammenhang beleuchtete, wie ja Witze häufig, etwa in Diktaturen, bestimmte Inhalte treffen, die zur Einsicht der Allgemeinheit geworden sind: Chruschtschow fragt Papst Johannes, wie es möglich sei, daß die katholische Kirche durch die Jahrhunderte so erfolgreich mit ihren Versprechungen gewesen sei, da der Kommunismus doch das gleiche, wenn nicht mehr verspreche, aber weniger Erfolg habe. Die Antwort Papst Johannes': »Wir haben nie das Paradies in *dieser* Welt versprochen!« Der Witz könnte, wie viele andere Zeiterscheinungen, ohne Bedeutung bleiben, wenn er nicht etwas über die jeweilige Bewußtseinslage der Allgemeinheit aussagte. So wurden zum Beispiel in Deutschland von 1933 bis lange in die fünfziger Jahre hinein Psychoanalytiker-Witze nicht verstanden, während sie in den USA an der Tagesordnung waren. Erst mit der Wiederkehr der Psychoanalyse tauchten dann in den sechziger Jahren diese Witze auf und wurden zumindest in der Stadtbevölkerung verstanden, was zugleich verdeutlichte, wie sehr Witz und Problembewußtsein einander ergänzen. Wie die Bewertung der Liebe im Witz aussieht, wird an der zeitgenössischen Verachtung sichtbar: »Da hab ich gedacht, das wäre Liebe – dabei war alles bloß Asthma!«

Sklaven der Maschinerie

Die einseitigen Sozialzwänge unüberbrückbarer Gegensätze lassen jene emotionalen Werte bedeutungslos erscheinen, von denen in der Wirklichkeit alle mitmenschlichen Beziehungen bestimmt werden: Verläßlichkeit, Vertrauen, Ehrlichkeit, Liebe. Dagegen verlangt cleverer Geschäftssinn Profitmaximierung ohne Rücksicht auf Gefühle; aber fanatische Radikalisierung und Aufruf zum Volkskrieg fordern das gleiche um des Erfolges willen. Beide sind von den Rechtfertigungsmöglichkeiten der Zielsetzung überzeugt: »Friede für die Welt durch internationalen Handel« auf der einen, »Friede für die Welt durch die Internationale des Proletariats« auf der anderen Seite. Dient dies alles zur Abwehr jener 2000 Jahre alten Botschaft, die mit Feuer und Schwert, mit Dreißigjährigem Krieg und Bomben in Irland durch die Geschichte getragen wurde, um ihre Erfüllung sorgfältig vermeiden zu können? Entstand der Mythos der Liebe wie alle Volksmythen und Religionen aus einer Sehnsucht, die unerfüllbar ist und deshalb das höchste, unerreichbare Ideal zum Ziele setzt, wissend, daß schon die Erfüllung eines winzigen Teils durch den einzelnen Besserung bringen würde?

Was immer wir noch erfinden mögen, um den Schwierigkeiten des Miteinanderlebens und des Erlernens der Liebe möglichst erfolgreich ausweichen zu können, es bleiben unruhige Fluchtbewegungen, um dem Ziel zu entgehen, das uns gewiß ist, und den Anruf zu überhören, der immer lauter wird: der Verantwortung angesichts des Todes, der unserer Lebensstrecke ein Ende bereitet, uns zum Rückblick zwingend, auch wenn nur noch Sekunden blieben im jähen Unfall oder gewaltsamen Tod. Gemessen an der Entwicklung der Menschheit ist diese Strecke gering. Gemessen an den Äonen des Weltalls ist sie ein Nichts, und dennoch hat diese Lebensstrecke für uns, für den einzelnen, eine so große Bedeutung, ist gefüllt mit kaum vollständig zu erinnernden Erlebnissen und Begebenheiten, mit Freude, Glück, Unglück, Schmerz, Trauer, Zorn, Haß und Liebe. Vielleicht haben wir Angst vor dem Alter, weil wir diesen Rückblick fürchten und glauben, die vielen versäumten Gelegenheiten ließen uns keine Möglichkeit mehr offen. Wieviel mehr Möglichkeiten werden versäumt durch die törichte Absonderung und soziale Isolierung alter Menschen? Nur wenige Gemeinden sind auf den Gedanken gekommen, der Kindern so nahe liegt, alten Menschen die Verbindung mit Kindern auf Spielplätzen oder an Regentagen in Spielstuben zu ermöglichen. Wie viele Menschen in Altersheimen verfügen über Kenntnisse, Fähigkeiten und Lebenserfahrungen, die sie nur allzu gerne und gewiß ohne Entgelt an Jüngere weitergeben würden, um dadurch mit der Welt und dem Leben verbunden zu bleiben! Wir regeln das alles in starren, bürokratischen Vorschriften, die den Riesenbeamtenapparat einer rostigen Staatsmaschinerie immer mehr erstarren lassen und jede lebendige, bewegliche Privatinitiative töten. Es ist der Buchstabe, der tötet, wenn der belebende Geist in Formeln gepreßt wird, die dem Leben widersprechen. Auch hier ist der unbewußte Sadismus mancher Behörden und Institutionen nur um der perfektionistischen Erfüllung von toten Paragraphen willen zur lebensfeindlichsten Kraft gegen die Liebe geworden. Einst zur Hilfe des Bürgers ersonnen, frißt der sich blähende Moloch kontrollierender und regulierender Institutionen nicht nur die Früchte mühsamer Arbeit, sondern läßt das Zusammenleben und die spontane Liebesfähigkeit der Menschen unter dem erdrückenden Übergewicht irrsinniger Zwänge und Vorschriften ersticken. Die Institutionen haben sich unter der Achtlosigkeit derer, die in ihnen nur noch an sich und das Ihre denken, gegen die Allgemeinheit gerichtet, zu deren Hilfe sie ersonnen wurden, zur Sicherung derer, die sie unterhalten, vergrößern und durch immer neues Hinzufügen der gleichen Irrtümer schließlich zu nutzlosen Quälinstrumenten machen. So werden wir leicht zu Sklaven einer Maschinerie, die wir selbst erfunden haben und unterhalten, obwohl wir wissen, daß diese Maschinerie unsere Kinder systematisch verdummt und sie ihrer hellen Lebensfreude, ihrer Initiativen und schöpferischen Phantasie beraubt, daß sie unsere Alten zum Abfall der Gesellschaft herabwürdigt und in glanzvoll ausstaffierte seelische Mülleimer befördert, das Recht des besinnlichen Lebensabends und der eigenen Welt beschneidend und vergällend, wo immer sich nur die Gelegenheit größeren Profits ergibt – eine Maschinerie, die jeden Morgen zu einem Überlebenskampf auf überfüllten, mit Abgasen verpesteten Straßen macht, uns wie Sardinen in Verkehrsmittel zwängt und uns erschöpft, entleert entläßt, unfähig, an mehr zu denken als an ein Bier und den nächsten Fernsehkrimi. Wundern wir uns, daß viele Menschen nicht mehr an die Liebe zu glauben vermögen, daß sie den Sinn dieses Lebens bezweifeln und der Qual ein Ende setzen wollen?

Apostel der Liebe

Wo sind unsere Kirchen, die die Liebe predigen? Wo sind die Menschen, die zum Leben aufrufen, Hoffnung geben könnten, Wege zu einem anderen Leben weisen, die Hand erheben gegen jene, die Leben und Liebe zerstören wollen und ihr Gewissen freikaufen mit einer milden Spende oder einer Ideologie? Sind wir es nicht alle? »Wer sich frei weiß von Schuld, werfe den ersten Stein!« Jede Gruppe, jede Organisation oder Gesellschaft ist nur so stark, wie das schwächste Glied ihrer Kette, das sie an verläßlicher Stelle zusammenhalten soll, soviel Last andere Glieder dieser Kette auch tragen mögen. Wir brauchten neue Apostel der Liebe, die nicht Gott als Reklameplakat vor sich hertragen mit dem Anspruch, ihn für sich alleine gepachtet und damit das Anrecht auf größere Bedeutung gewonnen zu haben. Wir brauchten Gemeinden, in denen der Nachbar nicht nur wieder mit dem Nachbarn spricht, sondern beide sich zusammen mit anderen Nachbarn, Gruppen für Gruppen verantwortlich fühlen und die Frage nach dem Sinn von Entscheidungen, Beschlüssen und Bestimmungen stellen, nicht, um sich selbst oder das eigene Geschwätz zur Geltung zu bringen, sondern um zu lernen, wie man miteinander lebt und voneinander lernt.

Das alles ist nicht möglich ohne eine Zielsetzung, und es wäre verhängnisvoll, wenn diese neuen Apostel die Liebe wiederum in falschen, verklärten Farben predigen würden, ohne sie selbst geben, erfahren und leben zu können. Die frühen Apostel taten das auch nicht. Sie waren Handwerker, Fischer, einfache Menschen, die zu einfachen Menschen über einfache Dinge sprechen konnten, über das tägliche Leben, über die Sorgen und Nöte, über die Angst, über die Hoffart, die Gier, den Geiz, den Hochmut, die Eitelkeit – und über die Liebe dort, wo sie geschah, wo sie mit Händen zu greifen war: in der Tat. Wir haben genug Redner, Marktschreier, Schreiber, Regierende, Aufseher und Klugscheißer. Wir brauchen jene, die etwas tun und zu tun bereit sind, die einfach dasein können für andere, bereit zu hören, hinzuhören, ohne gleich ja und aber antworten zu müssen, um sich aus der Klemme zu ziehen oder mit den Verheißungen des Herrgotts zu winken, die sie gedruckt in der Tasche tragen, oder mit den Worten des Vorsitzenden Mao, oder mit Marx-Zitaten, von denen sie nicht wissen, wo sie gedruckt sind und an welcher Stelle sie in welchem Zusammenhang stehen. Wir brauchen Menschen, die bereit sind, sich notfalls für verrückt erklären zu lassen, weil sie etwas tun, das doch »kein vernünftiger Mensch« tun würde, nämlich sich selbst, seine kostbare Zeit und seine Geduld und Liebe zu geben auf die Gefahr hin, verachtet, gehänselt und zunächst erfolglos zu sein. Es sind Menschen wie du und ich, keine Berühmtheiten, keine wandelnden Wörterbücher und Nachschlagewerke, die alles wissen, Menschen, die sich nicht scheuen, offen zu sagen: »Das weiß ich auch nicht, laß uns zusammen nachdenken«, oder: »Laß uns Franz fragen, vielleicht weiß er es.« Wir brauchen Menschen, die bereit sind zu sagen: »Ja, das kenne ich, was du da schilderst, aber ich weiß nicht, ob der Weg, den ich gefunden habe, auch dein Weg sein kann. Laß uns miteinander ansehen, was sich ändern ließe.«

Niemand soll sagen, daß es diese Menschen nicht gibt. Sie sind überall da, aber wir mißachten, was sie täglich tun. Da ist das Ehepaar am Zeitungsstand. Jeden Tag hören sie beide zu, Hunderten von Geschichten, die im Vorbeigehen erzählt werden, Sorgen, Krankheiten, Zweifeln, Schicksalen, Ärger. Sie drängen sich nicht auf, und doch rückt ein Wort hier und da manches zurecht, gibt ein Trost neue Hoffnung, entlastet ein Witz vom Ärger. Da ist die geduldige Postbeamtin am Schalter, die zweimal erklärt, welche Marke auf welchen Brief muß, und dennoch die Geschichte vom Sohn anhört, der soviel Schwierigkeiten hat im fremden Land und hoffentlich bald zurückkommt. Da sind die anderen drei in der Reihe, die ihre Eile und Ungeduld verlieren, weil sie begreifen, wie wichtig es für diese einsame, alte Mutter ist, einmal in der Woche jemandem ihr Herz ausschütten zu können. Da ist die berufstätige Witwe mit ihren zwei Kindern, die weiß, daß ihre Nachbarin nicht über den Tod ihres Mannes wegkommen kann und sich vor einem einsamen Alter fürchtet. Trotz ihrer Müdigkeit macht sie einen Tee und lädt die Nachbarin ein, wenn die Kinder im Bett sind, ohne Fernsehen, ohne Radio. Ganz still sitzen die beiden da, bis schließlich die Nachbarin auch eine Handarbeit ergreifen möchte. Da ist der Elektriker, der nur eben eine Leitung reparieren wollte und schon drei Aufträge warten hat, die er kaum schaffen kann, und er hört dennoch zu, wie der alte Herr zögernd nach langem Herumgehen druckst: »Sie erinnern mich so an meinen Sohn, der war auch Elektriker bei der Marine, auf 'nem U-Boot.« Und dann schaut er sich die Bilder an, eine Viertelstunde lang, und lauscht den Hoffnungen und der Trauer. Und der alte Herr ist getröstet. Sein Leben ist plötzlich leichter geworden. Aber der Elektriker erwartet kein Trinkgeld, er spürt den tiefen, bewegten Dank beim Handschlag zum Abschied.

Es gibt so viele Hunderte von Beispielen, die sich täglich vor unseren Augen und Ohren ereignen – und wir glauben, es gäbe keine Liebe mehr unter den Menschen? Wären wir selbst bereit, sie zu geben, in so alltäglicher Form, ohne große Spenden, nur den kleinen passenden Betrag einer Teilstrecke? Nur wenn wir selbst beginnen zu tun, was wir von anderen erwarten, und anderen nicht zürnen oder sie moralisieren, wenn sie noch nicht begriffen haben, wie wichtig dieser kleine Funken in unser aller Leben ist, wird sich dieses Leben ändern. Nur wenn wir beginnen, wieder die Achtung vor den Menschen und einem Menschenleben zu lernen, gleichgültig ob hoch oder niedrig, werden wir die Macht der Liebe begreifen. Nur wenn wir uns die politi-

schen Wortführer und Kandidaten genau daraufhin ansehen, wie
sie mit sich selbst und den anderen Menschen umgehen, wird
sich unser politisches Gewissen ändern lassen, auch die Gewaltsamkeit und die erpresserischen Morddrohungen der vereinigten
Wirrköpfe, die ein Gratisabonnement für die Liebe beanspruchen,
die sie mit Verwöhnung verwechselt haben.

Jahrtausende sind vorübergezogen, Jahrhunderte, in denen
die Menschen sich gegenseitig erschlagen, erpreßt, gequält, aus-
genutzt und gefoltert haben – auch im Namen Christi und der
Liebe –, Jahrzehnte, in denen Gott ein Popanz wurde und die
»Vorsehung« von einem Rattenfänger gepachtet wurde, dem viele
folgten, um Sippen und Völker auszurotten. Wir kennen das ganze
Elend der Angst vor dem Zukurzkommen, die den anderen beseitigen will aus Habsucht und Gier. All das geschah und geschieht
tagtäglich – und dennoch gibt es die Liebe, und sie ist gewiß nicht
nur Sexualvergnügen.

Freilich hat es Gesellschaften und Völker gegeben, die
untergingen, deren Kulturen aus der Welt verschwanden, auf-
gesogen in anderen Völkern, anderen Landschaften. Es gibt
verschollene Kulturen, aus deren verbliebenen Resten und Ruinen
wir ihr Leben und die Katastrophen erschließen können, die zu
ihrem Ende geführt haben mögen. Es hat niemals zuvor in dieser
Welt die Möglichkeit bestanden, die Weisheit und Erfahrungen
vieler, verschiedener, jahrtausendealter Kulturen kennenzulernen
durch einen Knopfdruck am Fernsehapparat, am Radio oder bei
größerer, bewußterer Bemühung in der Fülle von Büchern, die
niemals zuvor in diesem Ausmaß und zu Preisen, die geringer
sind als die der Genußmittel für breite Massen, für jedermann
verfügbar und zugänglich waren zum eigenen Studium. Unterziehen wir uns dieser Mühe? Haben wir solche »Liebe zur
Sache«? Nutzen wir die Lernangebote, oder verfallen wir allzu
schnell dem trügerischen Wunsch, wie im Schlaraffenland Weisheit als Brei eingetrichtert zu bekommen, ohne eigene Mühe?
Der Verwöhnungsanspruch hat viele schillernde Farben, genauso
wie die mit viel Schläue erfundenen Verweigerungen der Liebe.

Die Liebe ist fair: Sie erbringt nur das, was wir selbst bereit
sind einzusetzen, und auch dann nicht als Tauschgeschäft, son-

dern als Überraschung. Je mehr wir verzweifelt sein mögen über
eine vergebliche Liebesmühe auf einem Gebiet, desto eher wird
uns als unerwartete Überraschung auf einem anderen Gebiet
zufallen, was wir niemals erhofften. Das wird nicht geschehen
ohne ernsthafte Änderung unseres Lebensstils. Diese Änderung
kann nur bei uns selbst beginnen, nicht beim anderen, weder
beim Ehepartner noch bei den Kindern, den Kollegen im Geschäft, den Vorgesetzten, den Untergebenen, den Freunden, Bekannten oder Fremden. Sie muß bei uns selbst beginnen, nicht
in der Hoffnung, ab morgen die Welt zu ändern – das würde allzu
schnell mißlingen –, sondern mit einer gewissen Neugier und
Offenheit, ob und wie kleine Schritte und Veränderungen des
eigenen Verhaltens wahrgenommen, erkannt oder mißbraucht
und mißverstanden werden. Solange wir selbst wissen, was unser
Ziel ist, und uns nicht darin beirren lassen oder zu schnell klein-
gläubig aufgeben, wird es möglich sein, dem unbewußten Widerstand des anderen gegen die vielleicht nur halb wahrgenommene
Veränderung ruhig zu begegnen und damit schließlich die Nach-
denklichkeit, vielleicht sogar die Frage und die erste Gesprächs-
bereitschaft zu erkennen.

Hüten sollten wir uns vor der Versuchung der Eitelkeit, dabei
den besseren Menschen herauskehren zu wollen, und vor der
viel größeren Versuchung des Aufgebens, weil »es doch nicht
geht« – weil nämlich der Widerstand, die Ausdauer, die Angst vor
der Liebe in uns selbst zu groß sind. Wer je in seiner Jugend
Langstrecken- cder Dauerläufe hinter sich gebracht hat, weiß,
was der »tote Punkt« bedeutet, der je nach der Länge der Strecke
mehrfach auftritt und die Überwindung des »inneren Schweine-
hundes« erfordert, wie es die halbmilitärische Sportsprache ausdrückt. Nun ist es leichter, einen körperlich »toten Punkt« der
Ermüdungsbelastung durch Willensanstrengung zu überwinden,
als die seelische Entmutigung der Langstrecke. In beiden Fällen
sind wir mit uns selbst und dem Entschluß zum Durchhalten oder
Aufgeben allein. Es ist leichter, sich gegenseitig zu stützen und
einen Weggenossen zu haben, mit dem man seine Schwierigkeiten auf der langen Strecke teilen kann. Oft aber machen wir uns
nicht klar wie diese Strecke eigentlich aussieht.

Unsere Lebensstrecke

Wir erinnern uns wenig an den Beginn, da er, außer der Geburt, die lebensgefährlich ist, nicht unsere Mühe kostet. Dennoch haben viele Menschen wenn auch sehr dunkle, so doch sehr frühe Kindheitserinnerungen, die nur als unbestimmte Inseln im Gedächtnis herausragen.

Den ersten Teil der Lebensstrecke erleben wir als einen steilen, stetigen Anstieg. Wir lernen, die vielen Hindernisse zu überwinden, und nicht nur durch das Wachstum und die Wanderung von einer Schulklasse zur nächst höheren scheint der Weg aufwärts zu gehen, sondern auch in unserem Verstehen der Welt und der Lebenszusammenhänge, genauso wie bis zu einem gewissen Grade auch in der Meisterung von Aufgaben, die sich uns von außen her stellen und eine zunehmende Selbstkontrolle fordern. Sozial lernen wir nur durch Beispiele und Erfahrungen im Umgang mit anderen sehr direkt, und Worte oder Erklärungen helfen uns allenfalls erst nachträglich einzuordnen, was wir zuvor erlebt haben. Der Hauptinhalt dieser Erlebensstrecke ist das befreiende Gefühl, von anderen angenommen, aber auch die Furcht, abgelehnt zu werden. Unser Selbstwertgefühl hängt während dieser Zeit weitgehend davon ab, ob wir uns genügend angenommen und verstanden fühlen. Diese Aufstiegsbewegung endet, wenn wir die Ziele erreicht haben, die wir uns selbst in unserer Jugend stellten.

Die Aufstiegsstrecke wird dann zu einer Art weiter Ebene mit geringen Auf- und Abbewegungen, und wir halten vergeblich Ausschau nach größeren Erhebungen oder überragenden Gipfeln. Die Gipfelstürmerei ist vorüber, und die lange, eintönige Ebene ermüdet. Wir stehen vor dem ersten toten Punkt, der unser Durchhaltevermögen auf einige Proben stellt. Das ändert die Richtung unseres Interesses und des Selbst- und Weltverständnisses. Während auf dem ersten Teil der Strecke alle Aufmerksamkeit darauf gerichtet war, die äußeren Gegebenheiten des Lebens zu meistern und ihre Bedingungen zu verstehen, so daß wir sie den eigenen Zielen dienstbar machen konnten (alloplastische Anpassung), erfahren wir uns nun selbst als Ursache von Widerständen, Schwierigkeiten, Zweifeln, Unfähigkeiten und Unberechenbarkeiten. Um so mehr geraten wir in Gefahr, dadurch mit anderen Mitläufern zusammenzustoßen oder hinter der Altersgruppe zurückzubleiben, auf Abwege zu geraten oder den Kurs zu verlieren. Der tote Punkt zwingt uns, nun die inneren Gegebenheiten, Anschauungsweisen und Erlebnisformen einer Prüfung zu unterziehen, überall dort, wo sie den beabsichtigten Kurs unseres Langstreckenlaufs durch Tempoverlangsamung, Atemnot, Erschöpfung oder Lustlosigkeit und Bereitschaft zum Aufgeben behindern. Auch wenn wir uns verrannt haben und umkehren müssen, liegt der Irrtum aus den verschiedensten Gründen meist in uns selbst. Erst durch diese lange und schwierige Phase der Selbstbemeisterung (autoplastische Anpassung), durch Veränderungen, die wir in uns selbst und in unserem Verhalten entwickeln, erlangen wir schließlich jene Reife, die uns befähigt, das Leben in seinen äußeren Bedingungen und in deren Wirkungen auf unser Innenleben so zu bewältigen, daß innere und äußere Wirklichkeit im Einklang sind.

Das wird schwieriger auf dem nächsten Teil der Strecke, die wiederum verschiedene, manchmal steile und unerwartete Anstiege bringt. Wir nennen diesen Teil auch die mittlere Lebenskrise, die etwa die Jahre zwischen 35 und 45 umfaßt, individuell aber davor und danach liegen kann, je nach dem Lebenstempo und den soziokulturellen Umständen. Menschen früherer Jahrhunderte waren in der Mehrzahl davon befreit, da die Durchschnittslebenserwartung nur 35 Jahre betrug und nur ein geringer Prozentsatz ein hohes Alter erreichte, das deshalb als besonderer Verdienst und Ausdruck der Weisheit angesehen wurde.

Dieser Teil der Strecke enthält sowohl Richtungsentscheidungen wie Zweifel an den erreichbaren Gipfelhöhen und der Kraft, den Aufstieg zu bewältigen. Er wird in Mühen und hartem, zähem Ringen um den jeweiligen Anstieg verbracht, ständig mit der Angst des Absturzes konfrontiert und mit dem Gefühl, immer neue Wagnisse und Risiken, deren Ausgang nicht mit Sicherheit vorherzusehen ist, eingehen zu müssen. Für manche Menschen ist dieser Abschnitt mit einer Gratwanderung, für andere mit einer Kaminkletterei vergleichbar, für wieder andere mit einer Gletscherwanderung oder einem langen Tunnel mit wenig Lichtern. Am Ende des Streckenabschnitts kann das fatale Gefühl einsetzen, daß es vielleicht doch besser gewesen wäre, eine andere Richtung einzuschlagen, aber entweder ist der Weg zurück zu lang oder es gibt keine Überbrückung in eine andere Richtung oder der Tunnelausgang endet auf einem schmalen Plateau, von dem aus es nicht mehr weitergeht. Es gibt viele Möglichkeiten, an welcher Stelle sich der oder die einzelne am Übergang zwischen dem Markstein 45 und 50 befindet. Die schon an der Streckentafel 40 einsetzende Befürchtung eines Nachlassens der Leistungsfähigkeit und des jugendlichen Schwunges führt zu allerlei Pausen und dem vorübergehenden Verweilen auf Ruhebänken, mitunter zum beginnenden Büroschlaf, wenn man unglücklicherweise eine enge Plateaukanzel am Tunnelausgang erreicht hat und es wegen der Absturzgefahr zu gefährlich erscheint, auf schmalen Felsbändern weiterzuklettern.

Die Zwischenstrecke wird mit der erhöhten Befürchtung verbracht, daß es jenseits der Tafel 50 nicht mehr sehr viel weiter und allenfalls nur noch abwärts gehen könne. Die Nullmarken haben mit zunehmender Häufung den Einfluß, daß man die Strecke weder rückwärts noch vorwärts voll übersehen kann, jedoch annimmt, daß die vorausliegende Strecke auf unvorhersehbare Weise kürzer sein könnte als die zurückgelegte. Nur deshalb hat die Wegmarke 50 eine so magische Bedeutung, weil nur Optimisten und Rekordsüchtige unterstellen, daß die kommende Strecke genau noch einmal so lang sei.

Unsinnigerweise wird von manchen Wissenschaftlern jenseits dieser Marke ein »Leistungsknick« unterstellt oder hineingeheimnist, der zu den sich selbst erfüllenden Prophezeiungen gehört (self fulfilling prophecy). In Wirklichkeit handelt es sich um eine vorübergehende Angstanwandlung, die eine Neuorientierung sowohl der alloplastischen wie der autoplastischen Fähigkeiten erfordert.

Je nach erreichter Höhe kann dieser Teil der Strecke in vieler Hinsicht Einsamkeitsgefühle wecken. Es gibt kaum einen Lebensabschnitt, in dem beide Geschlechter mehr der Hilfe und der Liebe bedürfen, ohne es zu wissen und es sich oder anderen zugeben zu können. Frühere Fluchtversuche nach rückwärts und seitwärts werden wiederholt. Ehebruch, Abenteuerbedürfnis, erhöhte Anlehnungswünsche und verstärkte Schuldgefühle sind die Regel, ohne daß dies voll bewußt würde oder diesen Gefühlserlebnissen gleich richtig begegnet würde.

Für beide Geschlechter entstehen Gefühle der auf der Strecke vermißten Gelegenheiten, Zweifel an nicht gelungenen und versäumten Möglichkeiten. Heranwachsende Kinder tragen dazu bei, weil alle vorherigen Bemühungen plötzlich als falsch erscheinen und nicht zum gewünschten Ergebnis geführt haben. Verbitterung und das Gefühl, nur Undank für alle Bemühungen zu ernten, sind nicht selten und verstärken Zweifel, Bedürfnis nach Pausen und Isolierung. Arbeitgeber haben bis heute noch nicht begriffen, in welchem Ausmaß durch Achtlosigkeit, Problemblindheit und Mangel an sachgerechter Sorge und Hilfe sie zu Unfällen, Herztod, kostspieligen Krankheiten, Fehlern in Produktion und Planung, erhöhten Ausschußraten, Depressionen und schweren Ehekrisen oder Zerrüttungen direkt oder indirekt beitragen – weil dies nicht zum »dienstlichen« Bereich gehört. Der Verlauf dieses Abschnittes hängt weitgehend von der Bewältigung der vorausgehenden mittleren Lebenskrise ab, die in anderen Ländern im Problembewußtsein der Allgemeinheit verankert ist, in Deutschland offenbar jedoch noch mit der Vorstellung vom »vollen Mannesalter« erfolgreich verleugnet werden kann.

Abbrüche, Rückzüge, zunehmende Schwierigkeiten oder das Gegenteil, rapider Aufstieg, befreite schöpferische Initiative, erhöhte Durchsetzungs- und Entscheidungsfähigkeit, zunehmende Reife und Bedachtsamkeit sind die widersprüchlichen Ergebnisse dieser etwa acht- bis zehnjährigen Zwischenstrecke von Mitte Vierzig bis Mitte Fünfzig.

Am gefährlichsten ist die Flucht in Überarbeitung aus als enttäuschend erlebten Ehe- und Familienverhältnissen. Die emotionalen Belastungseinheiten lassen sich von außen so weit zusammenaddieren, daß je nach dem Grunderlebenstypus Depression oder Infarkt nahezu voraussagbar werden, was zur Vermeidung einer sich selbst erfüllenden Prophezeiung allerdings besser blindgehalten, das heißt nicht mitgeteilt werden sollte, da die unbewußte Angst ohnehin größer ist, auch bei erfolgreicher Bewältigung, als es im Bewußtsein registriert wird.

Der Beginn der späten Lebenskrise ist von vielen Umständen abhängig, je nachdem, wann das Tempo verlangsamt wurde und wann eine klare Selbstkonfrontation erfolgt ist, die erkennen läßt, was auf der vorausliegenden Strecke noch erreichbar ist und was endgültig aufgegeben werden muß. Das trifft beide Geschlechter, wenn auch in verschiedenster Weise; jedoch bestehen ohne gründliche Erneuerung und Richtungsveränderung der alloplastischen und autoplastischen Anpassung wenig Chancen, die Strecke zu verlängern. Genaugenommen verringern sich die Aussichten auf einen erfreulichen Verlauf jeweils um den Zeitbetrag, um den eine sinnvolle, allmähliche Planung für das sogenannte Ruhestandsalter über das 46. bis 48. Lebensjahr hinaus aufgeschoben wurde, da die Zeitstrecke zum Erlernen neuer Fähigkeiten und die Verankerung neuer Interessen mit zwanzig Jahren kaum zu kurz berechnet ist. Auch hier versäumen die meisten Arbeitgeber jene seelische Vorsorge, für die sie verantwortlich wären, nicht nur im Pensions- oder Rentenplan, sondern auch in der rechtzeitigen Vorbereitung der Ruhestandsplanung. Der durchschnittliche Arbeitnehmer aller Berufsgruppen braucht im Alter von 45 bis 50 Jahren etwa drei bis vier Jahre, bevor er überhaupt bereit ist, an Ruhestand und Rentenalter zu denken und sich mit dem letzten Streckenabschnitt wenigstens vorplanend auseinanderzusetzen. Will er Rücklagen bilden, die ihm mehr Freiheit für die Verwirklichung besonderer Interessen geben könnten, so ist der Durchschnittszeitraum von zwanzig Jahren (45 bis 65) für die Menge der Lohn- und Gehaltsempfänger sehr knapp berechnet. Nur lieblose Gedankenlosigkeit und uninteressierte Achtlosigkeit können diesen Faktor übersehen und sich vor der Verantwortung für diese Planung durch entsprechende Lernangebote drücken. Insofern hängt der Verlauf der späteren Lebenskrise zwischen 60 und 70 weitgehend davon ab, welche Bereitschaft zuvor geweckt wurde, welche Möglichkeiten des langsamen Gefälles, der Delegation von Verantwortung, der Vermeidung von Extremen, Zeit- und Aufgabendruck und der Nutzung von Erfahrungswissen angeboten und bereitgestellt werden. Seelische Hygiene und Organisationsanalyse sind bis auf wenige Ausnahmen Fremdworte in der deutschen Industrie und werden oft noch als »kostspieliger Humbug« betrachtet, was sie dann tatsächlich sind, wenn die Organisation oder der Betrieb nicht selbst ein Programm entwickelt und konsequent fortführt. Ehrende Gedenktafeln, Trauerangebinde und halbseitige Todesanzeigen sind nicht ausreichend.

Der »Pensionierungstod« ist in der Literatur seit Jahrzehnten zur Genüge beschrieben worden, ebenso wie die Pensionierungsdepression und der unerwartete Selbstmord. Man kann diese Gefahren eines jäh, ohne entsprechende Vorbereitung, nach vorausgehender Verleugnung einsetzenden Gefälles kaum übertreiben, da es einem Absturz gleichkommt. Es ist falsche christliche Nächstenliebe und irrige Rücksichtnahme, das herannahende Ausscheiden bis zum 65. Lebensjahr auszuklammern, um den Betreffenden nicht zu kränken. Er wird kränker durch die Unterlassung, weil er der Hilfe und Vorbereitung, in keinem Falle jedoch der Bevormundung, Tröstung oder Bemutterung bedarf. Niemand kann in ein oder zwei Jahren ein »Hobby« entwickeln, das ihm nicht lange vorher ein Interesse und Bedürfnis war, dem er sich mit »Lust und Liebe« widmen konnte. Hobbys wachsen weder auf Bäumen, noch ist die Empfehlung, sich eines anzulegen, durch käuflichen Erwerb zu bewältigen.

Um im Vergleich der Langstrecke zu bleiben: Man wird zwischen den Tafeln 46 und 52 aufmerksam prüfen müssen, welches Tempo und welche Richtung man zwischen Nummer 53 und 63 einschlagen will, um für den weiteren Prozeß jenseits der Marke 64 rechtzeitig gerüstet zu sein, einschließlich der notwendigen Pausen auf Ruhebänken, die einen weiteren Rundblick erlauben; am ehesten empfiehlt sich ein gemächliches Fußgängertempo, das Entdeckung von Einzelheiten am Wege, Verweilen und Erstaunen in wachsendem Maße zuläßt.

Die Tafel »Ziel« liegt im Augenblick zwischen 70 und 72, was nicht bedeutet, daß ein Grabstein vorher unbedingt zu bestellen wäre, denn diese Durchschnittsziffer umfaßt auch die schon als

Säuglinge verstorbenen Geburtsgenossen in der Statistik und die allzu eiligen, zu waghalsigen oder früh abgerufenen, die zuvor »auf der Strecke blieben«.

Dennoch ist dieser Abschnitt, dem Bericht lebender Zeugen folgend, die jenseits der neunziger Tafeln angekommen sind, schwierig im Übergang zum scheinbaren Nichtstun. Der Rückblick auf die Vergangenheit konfrontiert mit der brennenden Frage, ob und wie man wirklich auf dieser Strecke existiert hat; wie Erikson es formuliert: Es ist die Frage des Seins oder die Einsicht, niemals wirkliches Sein erreicht zu haben. Damit ist nicht soziale Bedeutung, Stellung oder Erreichtes im Sinne einer Karriere oder eines Berufes gemeint, vielmehr die frohe Erkenntnis, daß man ein Mann war in seinem Leben, daß man sich selbst als Frau hat erleben und erfahren können, oder die schmerzhafte Einsicht, daß wenig von alledem erfahren wurde und man nur von der verliehenen Identität einer Rolle gelebt hat, um das schwache und unsichere Sein besser schützen zu können – der Mann im Beruf, die Frau in der Ehe oder im Beruf.

Auch die Kluft zwischen Wissen und Sein kann in diesem Abschnitt schmerzlich offenbar werden, das Begreifen, daß man zwar vieles wußte, aber es dennoch weder leben noch erleben konnte. Die vermeintlich auf Alterserscheinungen beruhende Vergeßlichkeit für Tagesereignisse ist weit mehr auf die wachsende Bedeutung lange zurückliegender Vorgänge zurückzuführen als etwa auf Gefäßverkalkungen oder Durchblutungsstörungen allein, obwohl das meist angenommen wird und nur manchmal zutrifft. Als junger Arzt habe ich in der Pathologie im Sektionssaal Befunde an alten Menschen erheben müssen, die ich zuvor kannte, oft ohne daß ich eine Spur von Verkalkung der Hirngefäße oder anderer Veränderungen gefunden hätte, die einen solchen Rückschluß erlaubt hätten. Die Tagesereignisse werden einfach bedeutungslos angesichts des gewaltigen Geschichtspanoramas, das sich vor der inneren Schau vieler alter Menschen ausbreitet. Wir wissen noch viel zuwenig über das Alterserleben, weil die Erhöhung des Durchschnittslebensalters noch zu neu ist und weil wir als Jüngere zur falschen Scheu gerade dem altgewordenen Menschen gegenüber neigen und ihn ungern befragen, weniger aus Ehrfurcht als aus dem Gefühl, angesichts der soviel längeren Strecke selbst kaum bestehen zu können. Dabei verdanke ich und mancher andere Kollege die gescheitesten Hinweise und offensten Einsichten in eigenes Verhalten und Tun gerade sehr viel älteren Menschen, die nicht die geringste Hemmung hatten, direkt mitzuteilen, was sie wahrnahmen, so daß ein wirklicher Dialog entstehen konnte.

Mit gewisser Erheiterung erinnere ich mich meiner eigenen geheimen Befürchtungen zu altern, als ich das 55. Lebensjahr überschritten hatte und im Beisein von bis zu Achtzigjährigen den Geburtstag einer fünfundsiebzigjährigen Kollegin feierte, die mich plötzlich nach meinem Alter fragte. Als ich es nannte, sagte sie ganz freudig: »Aber da sind Sie ja noch sehr jung!« Der Mitteilung von achtzig- und über neunzigjährigen mir nahestehenden Menschen verdanke ich die Einsicht, daß offenbar jenseits des 80. Lebensjahres die Furcht vor dem Altern weitgehend erlischt, weil der Lebensablauf in allen Schwächen und Stärken, Höhen und Tiefen realistisch gesehen wurde und die Anteilnahme am Tagesgeschehen sowie die Erwartung in die Zukunft wieder anwachsen. Selbstbescheidung erreicht dann oft ein Maß, das jüngere Menschen, ohne daß sie es wollen, dazu bringt, sich zu öffnen und über Dinge zu sprechen, die sie zuvor niemandem gegenüber je erwähnten. Wir vermuten offenbar zu Recht, daß jenseits eines bestimmten Alters der Mensch auch »jenseits von Gut und Böse« sei und im Frieden mit sich und der Welt dankbar jeden Tag als Geschenk annehme, wie das Kind, das sich unschuldig und weise der Sonnenstrahlen und des blauen Himmels erfreut. Beide können die Welt unmittelbar erleben, unverstellt durch die sich vordrängenden falschen Bedeutsamkeiten eines angstvollen Selbst. Mit 92 oder 95 Jahren allein in einer eigenen Wohnung zu leben, selbständig zu reisen, Tagesereignisse mit wachem Geist wahrzunehmen und die Lebenserfahrungen mit Bedachtsamkeit an andere vermitteln zu können, ohne sie klein werden zu lassen oder sich selbst aufzudrängen, fordert uns Hochachtung ab.

Entgegen der Befürchtung vieler jüngeren haben alte Menschen selten Furcht, über den Tod zu sprechen. Der Jüngere sucht dieses Thema zu vermeiden aus vermeintlichem Taktgefühl oder, wie er glaubt, aus Liebe. In Wirklichkeit geschieht diese Abwehr des Jüngeren jedoch in seinem Interesse, weil er sich nicht gerne mit dieser Tatsache auseinandersetzt. Wenn der alternde Mensch – nicht nur die eigenen Eltern oder Verwandten – dieses Thema je anschneidet, so sollte jeder bereit sein, hinzuhören und es nicht mit der doch unehrlichen, scheinbar ermutigenden Bemerkung zu umgehen: »Ach, das hat doch noch lange Zeit.« Jeder Mensch hat ein Recht, über seinen Tod zu sprechen, wenn er dieses Bedürfnis fühlt, das ihm Klärung und Vorbereitung bedeutet, selbst wenn noch viele Jahre oder Jahrzehnte vergehen mögen. Es ist eine jener Paradoxien, daß häufig Menschen, die ihre Grabstätte und ihren Letzten Willen vermeintlich sehr früh vorbereiten, um Ordnung in ihr Leben zu bringen, viel länger leben als andere, die dem Thema entrinnen wollen oder davon abgehalten werden und plötzlich alles in Unordnung hinterlassen. Es ist bedeutsam für viele Menschen, auch über ihr Begräbnis zu sprechen, ja den Platz auszusuchen, an dem sie Ruhe finden möchten, und entsprechende Vorsorge dafür zu treffen, denn es ist realistisch. Die über die Zeit hinausreichende Bedeutsamkeit liegt im Abschiednehmen, im Wissen um die zunehmende Begrenztheit der Strecke, die das Leben dann um so mehr zum kostbaren Geschenk macht, solange es währt.

Es wäre schwierig, all dies einem Schulkind in Worten erklären zu wollen. Das unmittelbare Lernen jedoch, die direkte Erfahrung der Begegnung mit alten Menschen, das Gespräch mit ihnen, das Nachlauschen, wenn sie von Zeiten erzählen, die sich das Kind nicht vorstellen kann – dies riefe eine Veränderung hervor, die jene angstbesessene, überkompensierende Schnodderigkeit, Großmannssucht und tödliche Aggression vieler Jugendlicher schon im Keim unmöglich machen würde, wenn wir diese Begegnungsmöglichkeiten zwischen jung und alt wieder kultivierten. Was wir an Rockerbanden verurteilen, entspricht, ohne daß wir es bemerken, häufig der anzutreffenden Rücksichtslosigkeit unserer Gesellschaft gegenüber alten Menschen. Die »Oma«- oder »Opa«-Titulierung verstärkt die Abwertung eher, als daß sie Achtung vermittelt. Den Kindern ergeht es aber in dieser Gesell-

schaft nicht viel anders, weil die Erwachsenen von der Überzeugung geleitet sind, daß sie sich selbst die Nächsten seien.
Wenn die gleichen Kinder zehn bis zwölf Jahre später sich an
unschuldigen Erwachsenen rächen und sie zu hilflosen Opfern
ihres Terrors oder ihrer Raubgier machen, so imitieren sie damit
nur die Rücksichtslosigkeit und Aggression, mit der ihnen selbst
in der Kindheit begegnet wurde, da man glaubte, ihnen keine
Achtung entgegenbringen zu müssen. Die Wurzel jeder Verwahr-
losung gründet in der Achtungslosigkeit und Lieblosigkeit der
frühen Umgebung. Unser Irrtum besteht darin, zu glauben, daß
sich dieser Mangel nicht beheben lasse. Das Mißverständnis falscher Liebe schafft dann leicht eine schädigende Mischung aus
Nachgiebigkeit, halber Verwöhnung, plötzlicher Härte und Dro-
hung, die den Rest besorgt, weil die Geduld und Langmut echter,
erziehender Liebe und Ausdauer in all jenen Institutionen fehlen,
in denen der Jugendliche schließlich von einem Heim ins andere
wandert, bis sich seine Überzeugung endgültig verfestigt hat, daß
es töricht wäre, an die Liebe zu glauben, und die Gewalt das
einzige Mittel ist, sich ein Lebensrecht zu verschaffen.

Das Wagnis der Liebe

Es ist ein Wagnis, in dieser erkaltenden Welt zur Liebe zu
ermutigen. Und doch ist sie das einzige Mittel, das uns helfen
könnte, jene Mauern niederzureißen, die wir gegeneinander aufgebaut haben, nicht ohne daß sie für uns selbst zu Gefängnissen
und Kerkerzellen wurden, aus denen wir uns befreien möchten.
Gewiß ist Solidarität ein erstrebenswertes Lernziel, das sich in
kleinen Schritten realistisch verwirklichen läßt und Veränderungen erzeugt, die notwendig sind, um zu überleben. Dennoch
scheint sie nicht genug, solange sich dieses Erlernen der Solidarität nicht mit dem vollen Bewußtsein verbindet, daß ihr die
Schwierigkeit zu lieben entgegensteht, wenn wir die Bedeutung

der Liebe und die Notwendigkeit, sie zu erlernen, auch weiterhin verleugnen. Das mag unmodern klingen, aber die Modernität hat an dem jahrtausendealten Wunsch der Menschen nach Liebe und Geborgenheit nichts zu ändern vermocht, und noch modernere Erfindungen und Revolutionen werden daran genausowenig ändern können.

Eine Schwierigkeit ist nur dann überwindbar, wenn wir sie klar erkennen und ihr Vorhandensein einräumen. Es gibt viele Widersacher der Liebe: Haß, Selbstsucht, Habgier, Neid, Zorn, Heuchelei, Überdruß, Begierde, Eitelkeit, Eifersucht, Dummheit und Lüge. Sie zu übersehen wäre törichte Selbsttäuschung, denn sie lauern in jedem von uns gemeinsam mit einer ganzen Reihe kleinerer, doch tückischerer Verbündeter. Diesen Kampf wird niemand bestehen können ohne die Zuversicht eines sicheren Gottvertrauens, das ihm immer wieder hilft, die Liebe von neuem zu lernen, zu erproben und sich nicht durch Verlust und Versagen entmutigen zu lassen, in die er auf dem langen Wege mit Sicherheit hineingerät. Es mag nicht der Gott der Kirchenregeln sein, aber auch nicht der eigene, selbstgemachte, der zum Götzen wird.

Wiederum erscheint es so altmodisch und unmodern, von Gott zu sprechen in einer rationalen Welt der wissenschaftlichen Erkenntnisse und der Weltraumforschung, daß es sich sogar von findigen Psychologen als »Regression«, Rückgriff auf Kindheitsglauben, interpretieren ließe, der dem aufgeklärten Geist nicht zusteht. Diese Fallgrube der Eitelkeit läßt sich erkennen, weil schon so viele hineingefallen sind, daß es recht überfüllt dort aussieht: viele, die sich über die Irrationalität ihrer scheinbar rationalen aber beschränkten Wissenschaft genauso täuschten wie über die Kürze der Lebensstrecke. Es bedarf des Mutes zum Bekenntnis in einer Welt, die den Unglauben als höhere Entwicklung anpreist und den Glauben verlacht, als sei er ein Kindermärchen. Liebe ist nicht möglich ohne Glaube und Hoffnung, und wer könnte annehmen, daß wir diese drei aus eigener Kraft gefunden und entwickelt hätten? Könnten wir ohne sie leben?

Nachwort

Dieses Buch entstand auf einer Sprachinsel in den Jahren 1972 bis 1975 in den Vereinigten Staaten von Amerika. Sprachinsel bezeichnet hier einen Zustand, in dem alle Tätigkeiten, Gespräche und Kommunikationen des täglichen Lebens in einer anderen, der englischen Sprache erfolgten, während die ursprüngliche Sprache wie eine Insel weitgehend unberührt blieb. Wer je vollständig in einer anderen Sprache hat leben müssen und auf sie im täglichen Leben angewiesen war, weiß aus Erfahrung, daß Übersetzung im Denken nicht möglich ist, sondern vielmehr Denken, Fühlen und Handeln sich ganz in der Sprache der Umgebung vollziehen – einschließlich der Träume. Korrespondenzen und Bücher sind dann die einzigen, wenigen Berührungspunkte, an denen die Ursprungssprache wiederbelebt wird, nicht ohne gelegentliche grammatikalische Störungen, Formulierungsschwierigkeiten oder sich einschleichende Anglizismen.

Wozu ich mich bekennen möchte ist ein Veränderungsprozeß, der in der gedanklichen Welt, scheinbar unabhängig von dem sich in der anderen Sprache abspielenden Alltagsleben, eine Verdichtung und Intensivierung von Erlebnissen und Erfahrungszusammenhängen hervorrief, die sich ohne den Entschluß, in einem anderen Lande zu leben, wahrscheinlich nicht in dieser Stärke ereignet hätten. Die Hirnforscher mögen erklären, auf welchen Vorgängen im Nervensystem dieser Vorgang beruht.

Meine reale Erfahrung besteht darin, daß mit der Entfernung vom Alltag der Kultur, in der ich aufwuchs und den größten Teil meiner Lebensstrecke zurücklegte, die Bilder und inneren Zusammenhänge auf andere Weise klarer, aber auch bedrängender wurden, nicht ohne leidenschaftliche Anteilnahme. Mein Eindruck ist, daß uns nur noch die Wahl zwischen entweder *einer* Welt oder keiner Welt bleibt. Was die Grundgedanken meines und eigentlich jedes Buches bestimmen sollte, ist deshalb nicht so sehr das Streben nach wissenschaftlichem oder publizistischem Ruhm, sondern das Bemühen, sich dem Leser auf einer Ebene verständlich zu machen, die ihn nicht entfremdet und auch nicht dazu verleitet, von sich wegzulesen, sondern ihm neue Möglichkeiten zu sich selbst eröffnet. Wie alles Menschliche, wird auch dies nur begrenzt gelungen sein. Es bleibt jedoch meine Hoffnung, daß dieses Buch den Leser zu einem Gespräch mit seinem Nächsten ermutigt, das mit dem einfachen Satz beginnen mag: »Laß uns von der Liebe reden . . .«

Tobias Brocher
Topeka, im März 1975

Namen- und Sachregister

Redaktionelle Notiz

Das vorliegende Buch gehört weder zu der großen Zahl sexueller Aufklärungsliteratur noch zu den nicht minder zahlreichen Nachschlagewerken über Formen der Sexualität. Es sollte im Zusammenhang gelesen werden und – nach dem erklärten Willen des Autors – dem Leser »neue Möglichkeiten zu sich selbst« eröffnen. Deshalb ist das im Verlagslektorat erstellte Namen- und Sachregister weder auf lexikalische Vollständigkeit noch im Hinblick auf zweckfreie Informatorik angelegt worden. Es stellt lediglich ein Hilfsmittel dar, mit dem einige wichtige Themen in den für sie kennzeichnenden Zusammenhängen aufgesucht werden können.

Auch wird man bei einem Buch, das die modernistische Trennung von »Liebe« und »Sexualität« bewußt nicht mitmacht, sondern sich auf jeder Seite um die »Entwicklung« einer auf Dauer angelegten Partnerschaft von »Mann« und »Frau« in der Zweierbeziehung der »Ehe« bemüht, diese Stichwörter, um die das ganze Werk kreist, nicht im Sachregister suchen.

Tobias Brocher
Zwischen Angst und Übermut
Vom Umgang mit sich selbst
192 Seiten, kartoniert
ISBN 3-7831-0792-X

Tobias Brocher will Einsicht wecken in die Notwendigkeit der seelischen und geistigen Wandlungsbereitschaft. An vielen Beispielen
zeigt er, daß und wie der Umgang mit sich selbst nicht zur blinden
Ich-Verliebtheit, sondern zu einer offeneren und zuversichtlicheren
Lebenseinstellung führen kann. Es ist die Grundabsicht dieses Buches, zur Verminderung von Angst, zur Zurückführung von Übermut
auf wirklichen Mut und zur Stärkung von Hoffnung beizutragen. Die
Themen der 15 Kapitel lauten: Zwischen Hirn und Herz/Angst aus-
halten/Schuld annehmen/Isolation durchbrechen/Solidarität erler-
nen/Aggressionen bewältigen/Mit Technik leben/Zum Frieden
erziehen/Auf Gewalt verzichten/Seelisch gesunden/Glaubwürdig
leben/Einsamkeit ertragen/Zukunft wagen/Zwischen Anruf und
Antwort.

Fritz Riemann
Die Fähigkeit zu lieben
Herausgegeben von Siegfried Elhardt und Doris Zagermann
186 Seiten, gebunden
ISBN 3-7831-0685-0

„Ähnlich wie in Riemanns ‚Kunst des Alterns' liegt auch hier weniger
eine abstrahierend-wissenschaftliche Darstellung vor; es handelt
sich vielmehr – und darin liegt für uns der Wert dieses Buches – um
eine allgemeinverständliche Betrachtung der verschiedenen Ent-
wicklungsebenen der Liebesfähigkeit und ihrer Folgen, die jeden von
uns ganz persönlich als Mutter, Vater, Partner, aber auch hinsichtlich
der Rückbesinnung auf unsere eigene Lebensgeschichte als Kind
anzusprechen vermag."

Aus dem Vorwort der Herausgeber

Kreuz Verlag

Verena Kast
Paare
Beziehungsphantasien oder
wie Götter sich in Menschen spiegeln
177 Seiten mit vier Farbtafeln, kartoniert
ISBN 3-7831-0729-6

In den Mythen von Götterpaaren haben sich die Beziehungsphantasien der Völker niedergeschlagen, und umgekehrt spiegeln sich die Götterpaare in den Beziehungsphantasien heutiger Paare, auch wenn ihnen das nicht immer bewußt ist. Götterpaare wie Shiva und Shakti, Ishtar und Tammuz, Zeus und Hera, Merlin und Viviane sowie Shulamit und Salomo symbolisieren jeweils eine eigentümliche Art der Liebesbeziehung, sei es die Verschmelzung, die Mutter-Sohn-Beziehung, die Streitehe, die Beziehung älterer Mann und junges Mädchen oder die heute besonders faszinierende von „Brudermann und Schwesterfrau". Durch den Vergleich der Mythen mit Beispielen aus der Literatur und aus der therapeutischen Praxis bringt Verena Kast Licht in die Vorgänge, die sich zwischen Verliebten abspielen.

Peter Schellenbaum
Das Nein in der Liebe
Abgrenzung und Hingabe in der erotischen Beziehung
158 Seiten, kartoniert
ISBN 3-7831-0754-7

Die uralte Erfahrung, daß Liebe in Haß umschlagen kann und Partner, die einst miteinander glücklich waren, sich später im Streit trennen, ist Ausgangspunkt für eine psychoanalytische Untersuchung der Prozesse, die dazu führen. Schellenbaum macht deutlich, daß neben der Sehnsucht nach liebender Verschmelzung jeder Mensch auch den Wunsch nach Abgrenzung und Freiheit hat. Diesen Wunsch bei sich selbst und beim anderen zu achten, heißt, ein offenes Nein in der Liebe zu sagen und sie gerade dadurch lebendig zu halten.

Kreuz Verlag